Stefan Buß

Impulse am Morgen

Stefan Buß

Impulse am Morgen

Stefan Buß

Geboren am 9.4.1962 in Butzbach/Wetterau

Diakonenweihe am 13.12.1986 im Dom zu Fulda durch Weihbischof Johannes Kapp

Priesterweihe am 6.12.1987 im Dom zu Fulda durch Erzbischof DDr. Johannes Dyba

Stadtpfarrer in der Innenstadtpfarrei Fulda

Dechant des Dekanats Fulda und Ehrendomkapitular am Dom zu Fulda

1986/1987 Diakon in Eichenzell

1988–1990 Kaplan in Freigericht-Somborn

1990–1992 Domkaplan in Fulda

1992–2013 Pfarrer in Freigericht-Bernbach

Ab 1995 Dechant im Dekanat Gelnhausen (später Dekanat Kinzigtal)

2013–2014 Dompfarrer und Pfarrer von St. Joseph, Fulda

Seit 2014 Stadtpfarrer der neugegründeten Innenstadtpfarrei Fulda

Seit 1991 Mitarbeiter in der Rundfunkarbeit des Bistums Fulda bei HR und FFH

Impressum

ISBN 978-3-7900-0551-6

© 2020 by Parzellers Buchverlag, Fulda

Layout Inhalt und Umschlag: Peter Link

Titelfoto Stefan Buß: privat

Druck und Verarbeitung: Rindt-Druck, Fulda

Vorwort

Am 15. März 2020 im Shutdown der Corona-Pandemie wurden alle öffentlichen Gottesdienste verboten. Schnell waren wir in der Innenstadtpfarrei in Fulda im Livestream für Gottesdienstübertragungen aufgestellt. Es wurde uns aber auch bewusst, es gibt viele Menschen, die nicht über Internet verfügen, vor allem ältere. So entstand die Idee eines Impulstelefons für jeden Tag. Ich wurde auch gebeten einige Impulse zu verfassen. Ich schickte sie weiter auch an Bekannte und Freunde. Das war am 20.3.2020. Nach dem zunächst letzten Impuls kam die Reaktion von vielen: „Mach weiter!" So entstanden meine täglichen Impulse, die sehr schnell über WhatsApp 1500 Mal täglich versendet werden. Viele leiten sie an Freunde und Bekannte weiter. Es kam eine Fülle von Rückmeldungen bis aus Indien und den USA. Auch das tägliche Telefon (0661 20602482) wird hinreichend genutzt. Meine Intention war es, in einer Zeit von Einschränkungen und Verboten, in einer Krisensituation, täglich mit einem positiven Gedanken und dem Vertrauen in Gott den Tag zu beginnen. Da ich seit 30 Jahren in der Rundfunkarbeit des Bistums Fulda bin, wählte ich den typischen Einstieg in einen Rundfunkbeitrag. Es ist zum geflügelten Wort geworden: „Ich bin Stadtpfarrer Stefan Buß aus Fulda!"

Inhaltsverzeichnis

Drei Impulsfragen in den Tag

„Ich bin Stadtpfarrer Stefan Buß aus Fulda!"

Auf einem Priestertag der Diözese Fulda lud Bischof Dr. Michael Gerber zu einem Gottesdienst und nachher zu einem Austausch im Innenhof des Fuldaer Priesterseminars ein. In seiner Predigt gab uns der Bischof drei Fragen mit (Predigt im Dom zu Fulda zum Priestertag 3.6.2020), die ich gerne auch so als Impuls-Fragen an Sie weitergeben möchte. Nehmen Sie diese drei Impulsfragen mit in Ihren Alltag und versuchen Sie am Ende eines Tages diese Fragen zu reflektieren.

Die erste Frage:

Was habe ich heute an diesem Tag Positives oder Negatives wahrgenommen? Was ist mir unbeantwortet geblieben und was bewegt mich am Ende des Tages?

Die zweite Frage:

Wie habe ich auf diese Situationen reagiert? Waren es Dinge, die mich enttäuscht haben, die mich hoffnungslos stimmten oder Impulse, die mir den Alltag wieder erleichtert haben?

Und die dritte Frage:

Was habe ich aus dem, was ich wahrgenommen habe, gelernt und wo hat sich für mich der Horizont durch diese Erfahrung geweitet? Welche Erfahrungen schwingen da für mich mit?

Vielleicht nehmen Sie diese Impulsfragen auch einmal mit in Ihren Tag. Es ist wertvoll sich zu fragen: Was habe ich heute wahrgenommen? Wie habe ich auf das Erlebte reagiert und was habe ich dabei gelernt? Wo hat sich mein Horizont durch diese Erfahrung erweitert?

Ich wünsche Ihnen und uns allen, dass wir an jedem Tag vieles wahrnehmen können, was uns positiv stimmt und auch unseren Horizont weitet.

365-mal „Fürchte dich nicht!"

„Ich bin Stadtpfarrer Stefan Buß aus Fulda!"

„Fürchte dich nicht!" – Es ist für mich das aussagekräftigste und schönste Wort der heiligen Schrift. Ich habe schon einmal für Diskussionen gesorgt. Ich habe irgendwo einmal gelesen, dieses Wort „Fürchte dich nicht!" käme in der Bibel 365-mal vor. Ich habe keinen Beweis dafür (wenn ich einmal in Rente bin, zähle ich nach) und auch Bibelwissenschaftler sagen, es stimme nicht. Aber egal. Ich bleibe gerne bei diesem Gedanken. 365-mal „Fürchte dich nicht!" Das heißt doch: Gott ist jeden Tag für uns Menschen da und er sagt uns jeden Tag zu „Fürchte dich nicht!" Jeden Tag, an dem ich glücklich bin, an jedem Tag in der Krankheit, an jedem Tag in einer persönlichen Krise und jeden Tag in einem möglichen Urlaub. An jedem Tag, an dem ich Dinge anzunehmen und zu bewältigen habe. „Fürchte dich nicht!", ich, dein Gott, bin bei dir!" Auch wenn es vielleicht biblisch nicht exakt ist mit den 365-mal, der Mensch darf sich dieses Wort einfach von Gott jeden Tag zusprechen lassen:

„Fürchte dich nicht!"

Der Aktionskalender

„Ich bin Stadtpfarrer Stefan Buß aus Fulda!"

Die Corona Krise mit dem Shutdown im März 2020 machte so manchen auch erfinderisch. Es gab eine Aktion „Initiative Action for happiness" aus England. Die Initiatoren gaben einen Aktionskalender für einen sinnvoll gefüllten Monat heraus.

„Action for Happiness" versteht sich als Plattform für eine glücklichere Gesellschaft. Den Initiatoren geht es darum, Glück und Wohlfahrt ins Zentrum der Politik zu stellen und den engen Fokus auf ökonomisches Wachstum aufzugeben – zumindest auch einmal bedenkenswert. Für jeden Tag des Monats gab es eine besondere Aktion und Herausforderung für den persönlichen Alltag. Aktionen, um anzuregen für uns selbst und für einander zu sorgen. Sie gaben als Hinweis: Wenn wir uns als Menschen begegnen, heißt es: Bleibe ruhig! Handle klug, sei freundlich. Einige Punkte sind mir noch in der Erinnerung aus der Lektüre. Ich halte sie durchaus für bedenkenswert. Zum Beispiel die Aufforderung: Denke darüber neu nach, was dir wirklich wichtig ist. Tue jeden Tag etwas Bedeutsames für jemanden, der dir sehr wichtig ist. Verbinde dich an jedem Tag mit der Natur. Schau auf das, was du tun kannst, und nicht auf das, was du nicht kannst. Mache jeden Tag einen Schritt auf eines deiner Lebensziele zu. Mache dir neu bewusst, dass es jemanden gibt, den du liebst. Rufe dir neu ins Bewusstsein, wieviel er dir bedeutet. Lass dich anstecken von anderen und hilf an jedem Tag auch anderen Menschen in deiner Umgebung. Schau dich um und suche fünf Dinge, die du bedeutsam findest. Ich dachte mir: Vielleicht kann eine Sache für jeden Tag auch meinen Alltag bestimmen. Vielleicht finde ich auch etwas, was jeden Tag des Monats sinnvoller macht. Aktionen, um für uns selbst und für einander zu sorgen.

Die sieben Weltwunder

„Ich bin Stadtpfarrer Stefan Buß aus Fulda!"

Eine Schulklasse wurde einmal gebeten zu notieren, welches für sie die sieben Weltwunder wären. Es kam dabei die folgende Rangliste zustande:

1. Die Pyramiden von Gizeh

2. der Taj Mahal

3. der Grand Canyon

4. der Panamakanal

5. das Empire State Building

6. der Petersdom in Rom

und

7. die große chinesische Mauer

Die Lehrerin merke beim Einsammeln der Resultate, dass eine Schülerin noch ganz intensiv am Arbeiten war und deshalb fragte sie die junge Frau, ob sie Probleme mit ihrer Liste hätte? Sie antwortete: „Ja ich konnte meine Entscheidung nicht ganz genau treffen. Es gibt so viele Wunder." Die Lehrerin sagte darauf: „Dann teilen Sie uns doch bitte mit, was Sie bisher aufgeschrieben haben und vielleicht können wir ein bisschen weiterhelfen!" Die junge Frau zögerte zuerst und las dann aber vor:

„Für mich sind das die sieben Weltwunder:

Erstens: sehen

Zweitens: hören

Drittens: sich berühren

Viertens: riechen

Fünftens: fühlen

Sechstens: lachen

und

siebtens: lieben."

Im Klassenzimmer wurde es ganz still. Diese alltäglichen Dinge, die wir als selbstverständlich betrachten und oft gar nicht mehr realisieren, sie sind eigentlich wirklich wunderbar. Wir leben davon, tagein, tagaus. Sie sind kostbare Schätze in unserem Leben, die wir nicht kaufen und auch nicht einfach herstellen können. Wir können sie einfach nur beachten und wahrnehmen, sie genießen, ausleben und es einfach weitergeben an andere.

Das Bodenpersonal

„Ich bin Stadtpfarrer Stefan Buß aus Fulda!"

Eine alte Legende erzählt: Als Christus zum Himmel aufgefahren war, fragten die Engel: „Ja Herr, wie soll es denn eigentlich mit deinem Reich jetzt auf der Erde weitergehen?" Er sagte zu ihnen: „Ich habe doch meine Jünger auf Erden!" Die Engel erschraken und sagten: „Herr, hast du das nicht vergessen? Hast du mal geschaut, wie sie dein Reich umsetzen und die, die in deiner unmittelbaren Umgebung waren, wie schwach, die sich zeigten. Sie verzagten und liefen davon. Sie haben dich sogar verleugnet. Und bei deinem Kreuzweg haben sie dich alle im Stich gelassen. Hast du wirklich keinen anderen Plan mit Erde und mit deinem Reich auf Erden?", fragten die Engel. Und Christus entgegnete: „Nein, einen anderen Plan habe ich nicht!" Was wird damit deutlich? Die Christen müssen der Bibel heute ein Gesicht geben und so das Reich Gottes weiterbauen. Sie sind die einzige Bibel, die die Welt heute noch liest. Sie sind Christi Hände, die den aufrichten, der am Boden zerstört ist. Sie sind Christi Füße, die sich auf den Weg machen zu den Leidenden und sie sind Christi Mund, der den Menschen die Frohe Botschaft verkündet. Diesen Plan und keinen anderen, hat Christus mit uns Menschen. Der heilige Ignatius von Loyola (1491 – 1556) sagte: „Handle so, als ob alles von dir und nichts von Gott abhinge, doch vertraue so auf Gott, als ob alles von Gott und nichts von dir abhänge."

Aktion „Blumenteppich im Familienpizzakarton"

„Ich bin Stadtpfarrer Stefan Buß aus Fulda!"

Am Fronleichnamsfest ist es eine alte Tradition, dass wir durch unsere Straßen ziehen und an vier Altären zusammenkommen, um zu beten. Mit der Monstranz, in der Jesus in der Gestalt des Brotes verehrt wird, ziehen die Gemeinden durch die Straßen der Städte und Dörfer. Wir sind das wandernde Gottesvolk und der Herr zieht in unserer Mitte mit durch diese Zeit. Viele ehrenamtliche Kinder, Jugendliche und Erwachsene legen schon in aller herrgottsfrühe wunderschöne Blumenteppiche vor den Altären. Im Zeitalter der Corona-Pandemie gilt es ganz neu erfinderisch zu sein. So entstand die Idee, das verschiedene Familien, Pfarreigruppen, Familienkreise oder Kindergartenkinder eigene kleine Blumenteppiche legen. Die Größe war schnell gefunden. Die Größe einer Schachtel für eine Familienpizza, die wir gerne immer mal beim Italiener bestellen. Zuhause oder im Kindergarten konnten die Blumenteppiche vorbereitet werden und zum Fronleichnamsfest wurden sie zum Gottesdienst mitgebracht. Die Aktion „Blumenteppich im Familienpizzakarton" war geboren. Am Fronleichnamstag brachten die Familien zum Gottesdienst auf dem Domplatz und in der Stadtpfarrkirche ihren Familienpizzakarton – ihren Blumenteppich mit. In den Predigten wurde deutlich, es ist in der Kirche wichtig und wertvoll, wenn jeder sich auf seine Weise einbringt. So kann Gemeinde heute entstehen. Nach der Predigt brachten alle ihre Familienpizzakartons – ihren Blumenteppich – nach vorne. Es entstand ein wunderschönes Mosaik. Sehr kreativ hatten Familien, Eheleute, Kindergottesdienstgruppen oder Kindergartenkinder ihren kleinen Blumenteppich bunt gestaltet. Alle gemeinsam vor dem Altar gelegt, ergaben ein wunderschönes buntes und vielfältiges Bild. Ein buntes Mosaik aus farbenprächtigen Blumenblättern. Sie erzählen so von der Vielfalt der Gemeinde, der Kirche. Es macht deutlich, jeder hat seine besonderen Begabungen und wir dürfen sie einbringen in die Gemeinschaft und zum Wohle anderer einsetzen. Wie ein bunter Blumenteppich, der farbenprächtig leuchtet, so dürfen wir Gemeinschaft bilden und aus der Vielfalt leben. Vielen Dank allen, die so kreativ mitgewirkt haben. Wir laden ein, nicht die Monstranz kommt durch unsere Straßen, sondern wir kommen zur Monstranz. Wir laden ein zur Begegnung mit Jesus. Die bunten Blumen der Familien und Gruppen sprechen von der Vielfalt, die uns trägt. Eine großartige Aktion „Blumenteppich im Familienpizzakarton".

Christus hat keine Hände, nur unsere Hände

„Ich bin Stadtpfarrer Stefan Buß aus Fulda!"

Die Kinder fragen mich immer mal: „Wie können wir denn im Leben Gott sehen?" Ich antworte dann immer gerne: „Er wird jetzt nicht von oben hier hereinfliegen und in unserer Mitte stehen. Es wird sich auch nicht hinten die Kirchentür öffnen und er tritt ein oder steht mitten in der Klasse. Du selbst musst diesen Gott erfahrbar und sichtbar machen!" In den letzten Tagen des 2. Weltkriegs wurde bei einem Bombenangriff in einer deutschen Großstadt auch die Kirche zerstört. Man konnte unter den Trümmern später das Kreuz bergen. Diesem Kreuz fehlten die Hände und die Füße. Wenn man heute diese Kirche besucht, findet man dort unter diesem Kreuz ein wichtiges Gebet. Es lautet: Christus hat keine Hände nur unsere Hände, um seine Arbeit heute zu tun. Er keine Füße nur unsere Füße, um Menschen auf seinen Weg zu führen. Christus hat keine Lippen, nur unsere Lippen, um Menschen von ihm zu erzählen. Er hat keine Hilfe, nur unsere Hilfe, um Menschen an seine Seite zu bringen. Also heute ist jeder Mensch ganz, ganz wichtig. Du. Mensch, schenke ihm auch deine Hände, deine Füße. Stelle ihm auch deine Lippen und deine Hilfe zur Verfügung und Gott wird auch heute erfahrbar in unserem Alltag.

Angst

„Ich bin Stadtpfarrer Stefan Buß aus Fulda!"

Was die Menschen sehr oft beherrscht ist Angst, man spürte es besonders während des Shutdowns in der Corona-Zeit. Man hatte Angst vor dem Virus und fragte sich, wie man sich schützen soll. Man hatte Angst um die eigenen Eltern, die im Seniorenzentrum leben und die man nicht besuchen konnte. Man hatte Angst um den Angehörigen, der im Krankenhaus lag und wo auch kein direkter Kontakt möglich war. Aber Angst bestimmt oft auch ganz andere Bereiche und Zeiten unseres Lebens und verbunden mit diesen Zeiten kommen in Menschen auch die Urängste hervor. Das erlebe ich mit meinem Team hier auch immer wieder in vielen Telefonaten und Seelsorgesprächen.

Menschen wenden sich an uns mit ihrer Lebensangst, mit ihrer Zukunftsangst, mit der Verlustangst. Dazu fällt mir das schöne Wort aus dem Johannes-Evangelium ein, dass Jesus zu seinen Jüngern gesprochen hat. Er sagt es ihnen und auch damit dem Menschen heute: „Euer Herz sei ohne Angst, glaubt an Gott und glaubt an mich!" (Jo 14, 1). Angst heißt lateinisch „angustia" und wird übersetzt mit Enge, Bedrängnis, Seelenangst. Angst wächst überall dort wo es eng wird, wo die Weite fehlt. Dort, wo Begrenzungen für mich spürbar werden. In diese Ängste hinein tritt Jesus. Es sind auch die Ängste der Jünger damals, die Verlustangst um Jesus, die Angst ihn nicht mehr sehen zu können, die Angst um ihre eigene Existenz. Denn auf ihn hatten sie gebaut und um seinetwillen hatten sie auf alles verzichtet. In ihrer Angst spricht er das Wort, das auch Menschen heute treffen soll. „Euer Herz sei ohne Angst, glaubt an Gott und glaubt an mich!" Ich wünsche uns allen, dass wir uns mit den Ängsten unseres Da-Seins und unseres Lebens immer wieder getrost Jesus übergeben können und dass, auch in uns nicht die Angst regiert, sondern das Vertrauen auf seine Nähe.

Citypastoral

„Ich bin Stadtpfarrer Stefan Buß aus Fulda!"

n Zeiten der Säkularisierung und Individualisierung findet die Kirche in den meisten Lebensentwürfen gerade junger Menschen keinen Platz mehr. Sie trägt die Plakette „veraltet, traditionell und nicht mit dem Puls der Zeit gehend". Dennoch gibt es die suchenden, offenen und ansprechbaren Menschen, die eine Sehnsucht nach Sinn, nach echter Begegnung, nach Gott haben. Viele erwachsene und jugendliche Menschen der heutigen Zeit machen Erfahrungen unbegreiflicher Ereignisse, leiden an der Zerbrechlichkeit ihres Lebens, erleben Schuld und Angenommensein, Abschied und Neubeginn, Glücksmomente und tiefe Niedergeschlagenheit – und sind darin religiös „anschlussfähig". Diese Fernstehenden stehen nicht Gott fern. Dass Gott wiederum ihnen nicht fernsteht, kann die Kirche erfahrbar machen, indem sie diese einmaligen Situationen im Leben eines Menschen wahr- und ernst nimmt und ihm Begleitung anbietet. Gerade, wenn die Menschen nicht mehr von allein den Weg zur Kirche finden, muss Kirche sich zu den Menschen aufmachen. Und dies nicht um der Kirche willen, sondern um des Anspruchs und Auftrags der Kirche wegen: nämlich wegen der Menschen und vor allem jener, die oftmals am Rande der Gesellschaft stehen. Dieser Auftrag und Anspruch wird in den Texten des II. Vatikanischen Konzils (1962–65) folgendermaßen deutlich: „Freude und Hoffnung, Trauer und Angst der Menschen von heute, besonders der Armen und Bedrängten aller Art, sind auch Freude und Hoffnung, Trauer und Angst der Jünger Christi"(vgl. Pastoralkonstitution). Eine Möglichkeit, dies umzusetzen, ein niederschwelliges, bedingungsloses und offenes Angebot für alle Menschen der heutigen Zeit zu schaffen, bietet die Citypastoral.

Auch auf das Kleine kommt es an

„Ich bin Stadtpfarrer Stefan Buß aus Fulda!"

Vor einigen Jahren schickte die NASA einen Satelliten in das Weltall. Mehrere hundert Millionen Dollar kostete die Aktion, Hunderte von Wissenschaftlern waren daran beteiligt. Wie erwartet lief auch alles wie am Schnürchen. Der Start funktionierte. Die Freisetzung des Satelliten außerhalb der Erdatmosphäre, die Zündung der Triebwerke im All - alles lief genauso ab, wie es geplant war. Ein gewaltiges Computerprogramm steuerte den Verlauf der Mission. Dann aber, der Satellit war schon mehrere Wochen unterwegs, dann plötzlich, von einer Sekunde auf die andere, verlor die NASA die Verbindung mit ihm. Keinerlei Kontakt, keinerlei Funkverbindung mehr - Ende der Mission, der Satellit taumelte ziellos im All. Mehrere hundert Millionen US-Dollar waren verloren. Keiner konnte sich vorstellen, was passiert war. Man suchte fieberhaft und checkte alle Systeme immer wieder durch, bis man dann tatsächlich des Rätsels Lösung fand. Im Computerprogramm, im Quellcode des Programmes, der immerhin mehrere Millionen Zeilen umfasste, fehlte an einer Stelle, irgendwo zwischendrin ein Komma. Bei der Programmierung der Steuerbefehle, hatte jemand ein Komma übersehen. Und als das Programm nun schließlich an diese Stelle kam, stürzte der Computer ab. Programmfehler – mehrere hundert Millionen US-Dollar waren verloren und das wegen eines Kommas! Kleine Ursache große Wirkung! Ausgerechnet ein Komma, eines der unscheinbarsten Zeichen, das wir überhaupt haben, eines von denen, das sowieso meistens vernachlässigt wird – ausgerechnet ein Komma, hat das Scheitern dieser Mission verursacht. Wenn es sich jetzt um irgendetwas gewaltiges gehandelt hätte, um etwas wirklich Bedeutsames, dann hätte man das Desaster ja noch verstehen können. Wenn Sabotage am Werk gewesen wäre, oder ein gewaltiger Konstruktionsfehler vorgelegen hätte, das wäre ja alles noch einsichtig gewesen. Aber nein, es war alles in Ordnung, nur ein Komma, so ein winziges und unbedeutendes Komma, das hat gefehlt. So kann man sich täuschen! Ein Komma, das in unseren Augen so klein und unscheinbar ist, genau dieses vernachlässigbare Etwas, das war plötzlich ungeheuer wichtig und letztlich entscheidend geworden. So kann man sich in der Einschätzung der Dinge manchmal täuschen! Das, was wir oftmals für klein und vernachlässigbar halten, das, was wir oft nicht einmal für Wert erachten, dass man ihm auch nur die geringste Beachtung schenkt, das kann dann am Ende das eigentlich wichtige und letztlich entscheidende sein. Das Komma im Computerprogramm ist genauso wichtig, wie der ausgefeilteste Steuerbefehl. Und jeder von uns, auch wenn er es selbst manchmal schon gar nicht mehr glauben kann, jeder von uns ist mit dem was er tut, so banal und einfach es auch aussehen mag, so unscheinbar es uns selbst manchmal vorkommt, jeder von uns ist an dem Platz, an den er hingestellt ist, so wichtig wie ein Erzengel an seinem Platz.

Das Kreuzzeichen

„Ich bin Stadtpfarrer Stefan Buß aus Fulda!"

Das kürzeste Gebete der Christen lautet: Im Namen des Vaters und Sohnes aus Heiligen Geistes. Amen. Es ist ein Bekenntnis zum dreieinigen Gott und wird mit dem Kreuzzeichen besiegelt. Mit diesem Zeichen schreiben wir uns Gott buchstäblich auf den Leib und wollen, dass er uns umfängt. Hier wird für uns alle, für jeden einzelnen Christen, der Heilige Geist konkret. Der christliche Gott ist kein unnahbarer Gott, der aus seinem Gott-Sein nicht heraustreten will, sondern er entäußert sich. Er wird durch die Kraft des Heiligen Geistes Mensch und setzt sich unserem Anfassen aus. Dieser Geist und dieser Gott wirken hinein in unser Leben und durch den Menschen in diese Welt. Der Mensch darf ihn mit seinem Verstand wahrnehmen und in sein Herz aufnehmen. Er darf die Liebe dieses Geistes nach links und rechts verteilen zu den Menschen, die ihm begegnen.

Im Namen des Vaters und des Sohnes des Heiligen Geistes. Amen.

Auf dein Wort hin

Von einem wunderbaren Fischfang des Petrus, im See von Genezareth, ist einmal im Evangelium die Rede (Lk. 5,1-11). „Fahre hinaus, wo es tief ist, und werft eure Netze zum Fang aus!" (Lk. 5, 4). So spricht Jesus zu Petrus und seinen Kollegen. Die ganze Nacht haben Sie gefischt und nichts gefangen. Verzweifelt berichtet Petrus dem Herrn: „Meister, wir haben die ganze Nacht gearbeitet und nichts gefangen, aber auf deine Worte wollen wir es nochmals versuchen" (Lk. 5,5). Oftmals sind wir wie Simon Petrus und seine Fischerkollegen. Wir arbeiten tagelang, jahrelang, und lebenslang, aber am Ende stehen wir wie Petrus und seine Freunde, ohne Ergebnis da, verzweifelt, traurig, erfolglos. Verzweifelt und ermüdet spricht jeder am Ende: „Wir haben die ganze Nacht gearbeitet und nichts gefangen". „Wir haben lange versucht und jahrelang gekämpft unsere Ehe zu retten, aber alles war vergeblich, wir konnten uns nicht mehr aushalten, wir sind geschieden"– so die Ehepaare. „Wir haben eine Werbekampagne gestartet, wir haben uns intensiv um neue Kunden bemüht, wir haben neue Konzepte entwickelt, aber unsere Auftragsbücher sind nahezu leer. Alle Mühe war vergeblich". Wie Simon Petrus und seine Fischerkollegen sprechen auch wir: „Wir haben die ganze Nacht gearbeitet und nichts gefangen." Wir kennen das. Wir fühlen uns sinnlos, erfolglos, ermüdet, verloren, ausgenutzt und zerbrochen. „Aber auf dein Wort will ich die Netze nochmals auswerfen," - so Petrus (Lk. 5,5b). Und als sie das taten, „fingen sie eine große Menge Fische, und ihre Netze begannen zu reißen."(Lk. 5,6) Auf Jesus Worte, auf den Befehl des Wortes Gottes, werfen die Jünger noch mal die Netze ins Meer. Nun geschieht das Wunder. Sie fingen eine große Menge Fische. Sie fingen mehr als sie brauchten. Sie finden sich erfolgreich, weil sie auf die Worte Jesus vertraut haben. Nur mit Jesus im Boot war dieser Wunderfischfang möglich. Nur der Herr Gott kann in unserem Leben wieder Hoffnung wecken. Gott kann uns wieder ins Leben zurückbringen. Alles war wir tun müssen ist dem Ruf Gottes zu folgen, und auf IHN vertrauen.

Die Bergpredigt

„Ich bin Stadtpfarrer Stefan Buß aus Fulda!"

Die Bergpredigt Jesu können wir im Evangelium bei Matthäus lesen. So mancher hat vielleicht auch ein Bild vor Augen, das ein Künstler davon gemalt hat. Jesus steht am Berg und unterhalb von ihm sind viele Menschen versammelt. Es gibt ein Bild des Künstlers Wilfried Meinharth aus Dessau. Er hat die Bergpredigt einmal ganz anders gemalt. Das Besondere seines Bildes ist, Jesus steht nicht über den Menschen und schaut auf sie herab, sondern er steht mitten unter ihnen. Er wird in diesem Bild einer von uns. Er lebt wie wir, er freut sich wie wir, er leidet wie wir und er stirbt wie wir. Doch dann öffnet er die Tür, die nach oben führt, heraus aus der Dunkelheit des Lebens, heraus aus Schuld, Leid und Unglaube und Tod. Auf der einen Seite des Bildes sind Dornen zu sehen. Sie stehen für die Dunkelheiten unseres Lebens. Und dann sind grüne Pflanzen mit Früchten auf der anderen Seite des Bildes. Sie weisen hin auf das Glück, auf das Leben und auf die Hoffnung, die mit Jesus in die Welt gekommen ist. In diesem Bild von Wilfried Meinharth wird genau ausgedrückt, warum Jesus in die Welt gekommen ist. Er wollte zusammen mit allen Menschen guten Willens möglichst viele von der einen Seite des Lebens zur anderen führen. Vom Leid zur Freude, vom Tod zum Leben und er wollte, dass die Menschen aufatmen und aufleben. Ist das nicht auch eine gute Botschaft in unserer Zeit?

Das Gerücht von Gott wachhalten

„Ich bin Stadtpfarrer Stefan Buß aus Fulda!"

Der Soziologe Peter Berger (1929–2017) war Sohn einer jüdischen Familie, die in der Zeit des Nationalsozialismus vor der Judenverfolgung nach Palästina floh. Er lebte seit 1946 in den USA, wo er Soziologie und Philosophie studierte. In den Jahren 1955 und 1956 arbeitete er in Deutschland an der Evangelischen Akademie Bad Boll. Das zentrale Arbeits- und Forschungsfeld Bergers bildete die Religionssoziologie. 2017 starb er in Brookline. Er schrieb u.a. das Buch „Auf den Spuren der Engel". In diesem Buch berichtete er von einem Priester, der in einem Elendsviertel einer europäischen Großstadt tätig war. Er wurde einmal gefragt, warum er sich gerade diese Mühsal von Arbeit ausgesucht habe. Seine Antwort lautete: „Damit das Gerücht von Gott nicht völlig verloren geht."

„Damit das Gerücht von Gott nicht völlig verloren geht". Vielleicht Leben auch wir heute im Elendsviertel des Glaubens, in denen man an alles andere denkt, nur nicht an Gott. Und wenn es eine Gottesvorstellung gibt, ist sie äußerst diffus. Oft spricht man von einer höheren geistigen Macht. Jesus verweist die Menschen immer wieder darauf, dass es notwendig ist, sich zum lebendigen Gott zu bekennen. Auf ihn kommt es an, zu ihm sollen die Menschen sich hin orientieren und bekehren. Wer so zu Leben versucht, wird die Liebe des Vaters im eigenen Leben erfahren. Also es braucht auch heute immer wieder Menschen, dich und mich, die „das Gerücht von Gott wachhalten, damit es nicht völlig verloren geht".

Das Gute unterlassen

„Ich bin Stadtpfarrer Stefan Buß aus Fulda!"

Vielleicht ist Ihnen folgende kleine Episode bekannt: Da lebt ein Mann mit dem festen Vorsatz, auf dieser Welt ja nichts falsch zu machen und keine Sünde zu begehen. Er hält sich überall dort fern, wo er eine Gefahr lauern sieht, wo er meint, da könnte etwas schief gehen. Und dieser Mann freut sich darüber, dass es ihm gelingt, allem und jedem aus dem Weg zu gehen, was für ihn ein Risiko bedeuten würde. So in dem Wissen und in der Überzeugung, nichts falsch gemacht zu haben, stirbt dieser Mann. Er gelangt ans Himmelstor und trifft dort Petrus an. Petrus wundert sich und fragt ihn: „Was willst du denn hier oben im Himmel? Gehörst du nicht nach unten in die Hölle?" Worauf der Mann antwortet: „Ich habe doch nichts getan." Und Petrus feststellt: „Eben!" „Ich habe doch nichts getan!" - Wir kennen diesen Satz - von Kindern und von uns selbst. „Ich habe doch nichts getan." Im Schuldbekenntnis der Kirche heißt es: „…dass ich Gutes unterlassen und Böses getan habe." Also das Gute unterlassen zu haben steht an erster Stelle. Und eben das ist das Entscheidende. „Ich habe doch nichts schlechtes getan!", aber vielleicht wäre die konkrete Hilfe notwendig gewesen. Hätte man anderen zur Seite stehen müssen und man hat es unterlassen, lieber weggeschaut, statt zu helfen. Wir sollen stets ermutigt sein alles einzusetzen für den anderen. Und setzen wir auch dann alles ein, wenn wir auch meinen, es sei wenig und es lohne sich nicht. Jeder soll seine Talente und Begabungen, seine Fähigkeiten und seine Bereitschaft einsetzen. Nur so kann das Gute unter den Menschen geschehen.

Das Kreuz als Hoffnungszeichen

„Ich bin Stadtpfarrer Stefan Buß aus Fulda!"

in neidiger, missgünstiger Mann sah in einer Oase der Wüste eine junge Palme heranwachsen. Er war von Neid auf alles Hoffnungsvolle erfüllt. So wollte er die junge Palme verderben. Er nahm einen schweren Stein und legte ihn mitten in die Krone der jungen Palme. Der junge Baum schüttelte sich, aber es gelang ihm nicht, den Stein abzuwerfen. Da entschloss sich die junge Palme mit ihrer Last zu leben. Sie grub sich mit ihren Wurzeln immer tiefer in die Erde, so dass die Äste kräftig genug wurden, den schweren Stein zu tragen. Nach vielen Jahren kam der Mann zurück in die Oase, um sich an dem verkrüppelten Baum zu erfreuen, aber er suchte vergebens. Die Palme war inzwischen zur größten und stärksten in der ganzen Oase herangewachsen. Sie wandte sich dem Mann zu und sagte: „Ich muss dir danken, deine Last hat mich stark gemacht!" Jesus fordert uns auf im Evangelium „unser Kreuz auf uns zu nehmen und ihm nachzufolgen" (Mt. 10,38). Seitdem Jesus das Kreuz aus Liebe zu uns auf seine Schultern nahm, hat es zwar nicht seine drückende Schwere, aber seine Sinnlosigkeit verloren. Es kann nun zur Leiter werden, die nach oben führt. So wie es in dem Kreuz-Lied heißt: „Du bist die sichere Leiter, darauf man steigt zum Leben, das Gott will ewig geben (GL 294,4)." Das Kreuz Jesu wurde zur Leiter, weil Jesus das Leid der Menschen nach Golgota trug, um Leid und Tod unter das Gesetz des Weizenkorns zu stellen. Der Evangelist Johannes sagt uns: „Wenn das Weizenkorn nicht in die Erde fällt und stirbt, bleibt es allein. Wenn es aber stirbt, bringt es reiche Frucht!" (Jo 12,24). Vielleicht kann das Kreuz auch uns zum Hoffnungszeichen werden?

Das Licht in uns!

Der Schweizer Arzt und Theologe Albert Schweitzer hat einmal gesagt: „Wir Menschen müssen immer darum ringen, dass genug Licht in uns ist. Wenn genug Licht in uns ist, dann herrscht ins uns nicht mehr die Dunkelheit, dann haben wir Hoffnung und Zuversicht. Wir haben dann Freude und freuen uns am Leben." Menschen, die so sind, sind lebensfroh. Sie strahlen etwas Positives aus und man ist eigentlich gerne in ihrer Nähe. Ich meine, dass besonders in Krisensituationen solche Menschen ganz besonders wichtig sind und uns auch guttun. Ich weiß nicht, ob die alle irgendwann einmal darum gerungen haben, aber in ihnen brennt förmlich ein Licht und ist nach außen hin spürbar. Jetzt können wir fragen: Was ist das eigentlich für ein Licht? Es wird spürbar, wenn ich den Glauben, die Verbindung zu Gott, die Liebe zu Jesus Christus halte, dann wird dieses Licht in mir lebendig. Es ist nicht einfach zu haben. Man kann dieses Licht nicht einfach für 2,20 Euro im Supermarkt kaufen. Das liegt aber nicht daran, dass es ausverkauft wäre, weil gehamstert wurde. Dieses Licht kostet kein Geld, aber es fordert von uns Glaube, Vertrauen, Zuversicht, Zeit für Gott. Manchmal ist es sogar nur, dass man lacht, wenn einem eigentlich zum Weinen zumute ist. Ich wünsche Ihnen an jedem Tag ein solches Licht, vor allem wenn es dunkel um Sie ist. Ich wünsche Ihnen Menschen, die zu Lichtbringern für Sie werden. Vielleicht können auch Sie selbst für andere zum Licht in der Dunkelheit werden.

Das Märchen
von der geschenkten Zeit

„Ich bin Stadtpfarrer Stefan Buß aus Fulda!"

s waren einmal ein König und eine Königin, die hatten drei Töchter. Von der Ältesten sagten die Leute: „Wie klug sie ist!" Von der Zweiten meinten sie voller Bewunderung: „Seht, wie ist sie so fleißig!" Wenn sie aber von der Dritten sprachen, hellten sich ihre Gesichter auf: „Sie ist so freundlich und sie kann so wunderbar lachen!" „Es ist an der Zeit, meine lieben Töchter", sagte eines Tages die königliche Mutter, „dass ihr das Haus verlasst und die Welt kennen lernt." Einer jeden legte sie eine kunstvoll gewirkte Tasche über die Schulter, die war prall gefüllt. „Das ist eure Wegzehrung. Ich habe jeder von euch einen großen Anteil meiner Zeit geschenkt. Geht sorgsam damit um. Mehr davon kann ich euch nicht geben." Der Abschied war herzlich und dann ging jede ihres Weges. Die Erste, die Kluge, war noch nicht weit gegangen, da hatte sie schon eine große Berechnung angestellt, wie sie ihre Zeit möglichst gewinnbringend anlegen könnte. „Gönn uns ein kleines bisschen von deiner Zeit", wisperten die Blumen am Wegrand. „Wo denkt ihr hin!", sagte die Kluge. „Zeit ist Geld und das wirft man nicht einfach auf die Straße." und eilte davon, als hätte sie schon keine Zeit mehr. Die Zweite, die Fleißige, hatte schon bald eine Beschäftigung entdeckt und arbeitete hastig, denn sie wollte die Zeit ausnutzen. Da rollte ihr ein roter Ball zwischen die Füße und ein Kind rannte herbei und fragte: „Spielst du mit mir?" „Jetzt nicht", sagte die Fleißige, „ich habe keine Zeit. Ich muss heute schon die Arbeit von morgen machen!" „Spielst du dann morgen mit mir?" „Es geht nicht, da mach ich schon die Arbeit von übermorgen!" „Und dann, hast du dann Zeit?" „Vielleicht, wenn mir nichts dazwischen kommt. Aber jetzt nimm deinen Ball. Stiehl mir nicht die Zeit!" Da ging das Kind und wartete auf übermorgen. Die dritte Tochter aber kam nicht weit, nur bis zu einer Bank am Ententeich. Da saßen ein paar alte Leute und schwiegen sich an, denn sie hatten sich schon alles erzählt und etwas Neues fiel ihnen nicht mehr ein. „Hast du ein bisschen Zeit? Komm, setz dich zu uns!" „Aber sicher", sagte die Königstochter mit dem lachenden Gesicht, „ich habe viel Zeit geschenkt bekommen. Davon kann ich euch doch abgeben", langte in ihre Tasche und fragte die alten Leute nach ihrem Leben und sie erzählten ihr viel und als sie sich endlich verabschiedet hatte, hörte sie sie von weitem noch lachen, denn es war ihnen noch so viel eingefallen, was sie beinahe schon vergessen hatten. „Nach einem Jahr", hatte die Mutter gesagt, „kommt ihr noch einmal zurück und erzählt, wie es euch ergangen ist." Als dieses Jahr herum war, schickte die Älteste ein teures Blumengebinde mit einem Gruß daran: Liebe Eltern! Habt Dank, aber ich kann euch jetzt nicht besuchen, es wäre unklug. Der weite Weg zu euch würde mich zu viel Zeit kosten. Die Zweite kam in allerhöchster Eile und sie erzählte von der vielen Arbeit, die nun liegen bleiben musste und war im Herzen schon wieder abgereist, ehe sie angekommen war. Die Dritte aber kam etwas zu spät, denn sie hatte unterwegs Blumen gepflückt, die sie der Mutter mitbringen wollte. „Hast du denn so viel Zeit übrig?", fragte die Mutter. „Aber sicher", sagte die Tochter, „du hattest mir ja gar nicht verraten, dass die Tasche sich immer wieder füllt! Je mehr Zeit ich verschenkt habe, desto mehr fand ich darin." „Du bist die Einzige", sagte die Mutter lächelnd, „die das Geheimnis der geschenkten Zeit erfahren hat."

(Verfasser unbekannt)

Auch uns ist die Zeit geschenkt und uns geht es auch oft im Alltag wie den beiden ersten Töchtern. Wir meinen, die Zeit ist zu schnell vergeben. Zeit ist Geld. Wir meinen, wir müssen heute schon alles für morgen tun. Aber einfach im Hier und Jetzt sein und die Zeit mit anderen teilen, darauf kommt es an. Die dritte Tochter kann uns dies lehren. Ich wünsche Ihnen und mir, dass wir jeden Tag von unserer geschenkten Zeit leben und weitergeben können.

Das Osterlachen

„Ich bin Stadtpfarrer Stefan Buß aus Fulda!"

Gedanken müssen nicht immer nur tiefsinnig sein, es darf auch mal fröhlich sein. Das gehört gerade auch zu Ostern. Es gibt eine gute alte Tradition, das Osterlachen. Es ist ein Brauch, der bereits ins 14. Jahrhundert zurückgeht. Durch einen Witz wollte der Priester den Gottesdienstteilnehmern die richtige Osterfreude entlocken. Ich habe diesen Brauch vor einigen Jahren auch wieder aufgegriffen. Einer dieser Osterwitze erzählt von einem jungen Pärchen, dass sich zu einer Israelreise aufmachte. Zum Leidwesen des jungen Mannes wollte die Schwiegermutter mitreisen. Plötzlich und unerwartet erlitt diese aber auf der Reise einen Schlaganfall und starb. Ein israelischer Bestatter versuchte das junge Paar davon zu überzeugen, die Schwiegermutter im Heiligen Land zu bestatten. Doch für das junge Paar stand fest, sie sollte in die Heimat überführt werden. Der Bestatter klärte das junge Paar auf. „Sie bekommen eine gute Bestattung hier für 5000 Dollar. Wenn Sie sie in die Heimat überführen, zahlen Sie das 5-fache." Der junge Mann überlegte nicht lange und erwiderte: „Nein, wir nehmen die Schwiegermutter mit und lassen sie in die Heimat überführen. Wir haben nämlich gehört, dass hier vor langer Zeit einmal einer starb. Er wurde hier begraben, doch nach 3 Tagen sei er von den Toten auferstanden. Das Risiko wollen wir nicht eingehen."

„Das kleine Ich bin Ich"

„Ich bin Stadtpfarrer Stefan Buß aus Fulda!"

Vor einigen Wochen ist mir wieder einmal das Buch „Das kleine Ich bin Ich" von Mira Lobe (österreichische Kinderbuchautorin, 1913–1995) in die Hände gefallen. Auf einer bunten Blumenwiese ist ein buntes Fabeltier unterwegs. Verschiedene Tiere trifft es auf seinem Spaziergang und muss feststellen, dass es zwar viele Gemeinsamkeiten mit den anderen Tieren hat, aber die Unterschiede doch viel zu groß sind, um sich mit einem dieser Tiere wirklich identifizieren zu können. Schließlich stellt es sich die Frage, ob es überhaupt existiert, da es scheinbar nirgends dazugehört. Doch plötzlich bleibt es mit einem Ruck auf der Straße stehen und meint: „Sicherlich gibt es mich: Ich bin Ich". Von diesem Augenblick an hat es seinen Platz unter den Tieren gefunden. Es hat sein Selbstbewusstsein, seine Eigenständigkeit und Einzigartigkeit entdeckt. Das kleine „Ich bin Ich" hat gemerkt, dass es nicht gut ist, sich durch die Unterschiede den anderen gegenüber zu definieren, sondern dass es ihm besser bekommt, durch die Verschiedenheit das eigene Ich mit vielen Gemeinsamkeiten zu entdecken. Ich bin überzeugt, dass jeder von uns einmal guten Gewissens als „Ich bin Ich", als einzigartiger Mensch mit Vorzügen und Schwächen, vor Gott hintreten kann und dass jeder auf seine Weise Gottes Gerechtigkeit erfahren wird. Und vielleicht gelingt es uns im Wissen um Gottes Barmherzigkeit, immer mehr nicht das Trennende, sondern das Verbindende zwischen den Menschen, Religionen, Kulturen und Völkern zu finden.

Das offene Portal

„Ich bin Stadtpfarrer Stefan Buß aus Fulda!"

Ein Kennzeichen der Seelsorge in der Innenstadtpfarrei Fulda ist das geöffnete Portal – das Hauptportal der Stadtpfarrkirche Sankt Blasius. Es soll dokumentieren zum einen: Jeder Mann, jede Frau ist herzlich eingeladen. Wir fragen nicht: Wer bist du? Was hast du? Welche Religion hast du? Als weiteres, ist die Tür aber auch offen, damit wir den Kirchenraum verlassen können. „Zu den Menschen hingehen", so wie es Papst Franziskus einmal gesagt hat. Wir wollen zu den Menschen an den Rändern gehen, auch in unserer Stadt. Wir verstehen unsere Arbeit darin, dahin zu gehen, wo die Menschen unserer Stadt leben, wo sie arbeiten, wo sie zusammenkommen, wo sie ihre Probleme haben. So wird es gern zu meinem persönlichen Gebet: „Gott, du hätst immer eine Tür offen. Wenn wir verängstigt sind oder uns zurückziehen, machst du uns Mut für das Leben einzutreten. Wenn uns die Worte ausgehen und sich die Gedanken im Kreise drehen, beschenkst du uns mit deinem Geist. Deshalb bitten wir dich: Schenke uns offene Türen, befreie uns von zu engen Sichtweisen, von Verzagtheit und Resignation und mache uns zu Boten deiner Liebe. Gott segne uns, dass unser Fuß mutig über die Schwelle tritt. Christus segne uns, dass er uns in die neuen Räume begleite. Der Heilige Geist segne uns, dass wir seinen Wind im Rücken spüren. Die Weisheit begleite uns, dass wir ohne Angst eintreten und Leben finden. Amen."

Dämonen der Bibel

„Ich bin Stadtpfarrer Stefan Buß aus Fulda!"

n der Bibel wird immer einmal von Dämonenheilungen erzählt. Die Rede von Dämonen ist für uns heutzutage schwer verständlich; da erscheinen uns die anderen Heilungswunder Jesu eher glaubwürdiger: Dass Jesus Blinde, Taube und Gelähmte heilt, können wir schon deswegen leichter nachvollziehen, weil wir diese Krankheitsbilder auch heute noch kennen. Jemand, der von Dämonen spricht oder gar eine andere Person oder Sache „dämonisiert", erregt dagegen nicht ohne Grund unser Misstrauen. Schließlich macht man es sich sehr einfach, wenn man die Schuld für Versagen, Unglück oder Leid einer bösen dämonischen Macht zuschiebt und sich so vielleicht aus der eigenen Verantwortung stiehlt. Worum aber geht es nun in der biblischen Rede von den Dämonen? Es fallen drei Charakterisierungen auf.

Erstens: Menschen werden zu „Besessenen", das heißt es geht um etwas, das den Menschen in Besitz nimmt, ihm innewohnen kann.

Zweitens: Das Dämonische im Menschen bewirkt, dass er anderen schadet, ihnen gefährlich wird und deshalb ausgegrenzt wird.

Drittens: Letztendlich führt das Treiben der Dämonen in den Abgrund, ins Verderben. Betrachtet man allein diese Beschreibungen, stellt man fest, dass sie auch auf Heutiges zutreffen, etwa auf Sucht- und Abhängigkeitserkrankungen. Die Austreibung der Dämonen durch Jesus kann aber auch für uns Anlass zur Gewissenserforschung sein: Was erkenne ich an mir, was anderen und mir selbst schadet? Wovon möchte ich durch Gott befreit werden? Eines ist gewiss: Unser Gott ist ein Gott, der Heilung schenken will.

Den Stein ins Rollen bringen

„Ich bin Stadtpfarrer Stefan Buß aus Fulda!"

Ostern 2000 rollte ein aus Israel stammender Stein durch Deutschland. Er wurde in öffentlichen Gebäuden und Kirchen ausgestellt. Ins Rollen brachte den Stein die katholische Frauenseelsorge. Er trägt die Inschrift: „Wer wird den Stein wegrollen?" – formuliert nach der Frage der ratlosen Frauen, die am Ostermorgen zum Grab Jesu gingen und sich voller Sorge fragten: „Wer wälzt uns den Stein von des Grabes Tür?" (Markus 16,3) Ein Stein rollt durch Deutschland als Symbol für Trennung, Spaltung, Hass, Neid und Ohnmacht, aber auch für Überwindung, Versöhnung, Freude und Leben. Denn als die Frauen zum Grab kamen, stellten sie fest: „Der Stein ist weg!" – und damit auch der Grund ihrer Fragen, Ängste und Sorgen. In ihr Staunen hinein sagt der Engel ihnen drei Worte, Worte, die ihr Leben veränderten: „Er ist auferstanden!" Seitdem schallt die Botschaft: „Christus ist auferstanden! Er ist wahrhaftig auferstanden!" von Mund zu Mund. Dies ist der Kern der christlichen Botschaft. Und diese Botschaft hat die Welt verändert. Verändert sie auch dein Leben? Der Stein ist weg, der Stein, der Jesus daran hindern sollte, sein Erlösungswerk zu vollenden. Wie viele „Steine" hindern uns zu leben und uns zu freuen? Steine der Angst und des Streites; Steine der Unversöhnlichkeit und des Misstrauens; Steine der Unzufriedenheit und des Unglaubens; Steine der... Gott hatte die Macht, den Stein von Jesu Grab zu rollen, er hat auch die Macht und den Wunsch, Steine aus unserem Leben zu entfernen. Geben wir ihm die Chance dazu. Erst dann wird die Osterbotschaft auch unser Leben verändern.

Der Apostel Thomas (3. Juli)

„Ich bin Stadtpfarrer Stefan Buß aus Fulda!"

Wir feiern das Fest des Heiligen Apostels Thomas. Ein Ungläubiger als Vorbild? Wir könnten meinen, dass es nicht ohne Absicht geschieht, dass uns von Thomas und seinen Zweifeln erzählt wird.

Nicht um ihn bloßzustellen, sondern um uns Mut zu machen. Auch die anderen Jünger sind so vorbildlich nicht, wenn es um den Tod und die Auferstehung Jesu geht: Petrus verleugnet Jesus, andere schlafen ein, sind unter dem Kreuz verschwunden oder verriegeln aus Angst alle Tore. Eigentlich macht das auch uns die Jünger sympathisch. Sie sind nicht uneinholbare Idealfiguren, sondern Menschen wie du und ich. Sie haben wie wir ihre Stärken und Fehler, auch ihre Glaubenszweifel.

Vor allem auch Thomas zeigt uns: Heilige haben menschliche Züge, dürfen zweifeln, stellen Fragen, mit denen sie den Finger in die Wunde legen möchten. Wir wissen nicht, warum er beim ersten Mal nicht bei der Erscheinung Jesu dabei war. Vielleicht hatte er Wichtiges zu erledigen in seiner Familie. Vielleicht wollte er allein sein und Abschied nehmen von Jesus. Anscheinend kann man Ostern nicht einfach so „begreifen" – wir müssen es lernen, die Botschaft muss in unser Herz und unser Leben kommen. Jesus lässt ihm die Zeit, buchstäblich auf den zweiten Anlauf zu begreifen, was Auferstehung bedeutet. Und dann kann er vertrauensvoll bekennen: „Mein Herr und mein Gott!" (vgl. Joh 20,24–29).

Der Atem Gottes

„Ich bin Stadtpfarrer Stefan Buß aus Fulda!"

(Tiefer Ausatmer)

Oh, Entschuldigung. Ich habe gerade gemerkt, wie Sie zurückgeschreckt sind. Sie haben den Hörer vom Ohr weggehalten und das Handy eineinhalb Meter weggelegt. Aber keine Angst. Der Vorteil von WhatsApp und Telefon ist, dass ich meine Texte ohne Mund-Nasenschutz aufsprechen kann und Sie brauchen keine anderthalb Meter Abstand zum Telefon oder zum Handy, denn meine Aerosole kommen da nicht durch. Dieser Tage schoss es mir so durch den Kopf. Was wäre gewesen, wenn Ostern und Pfingsten damals zurzeit Jesu in die Corona-Zeit gefallen wären? Da passieren nämlich Dinge, die wären in Corona-Tagen undenkbar. Am Ostermorgen heißt es: „Jesus trat in die Mitte seiner Jünger und er hauchte sie an" (Jo.20,22). Und das geht ja schon mal gar nicht. Ja und so infizierte er sie mit seinem Virus. Sein Virus war der Heilige Geist und dieser Virus wird in ihnen aktiv und treibt sie an zum Guten. Und dann gehts noch weiter. Denken Sie an Pfingsten. Da sind Menschen aus aller Herren Länder zusammen. „Parther, Meder und Elamiter. Leute aus Mesopotamien. Aus Ägypten, aus Libyien. Römer und Araber" (vgl. Apg. 2,9-11). Und, ach so, sie alle hören die Botschaft und viele lassen sich davon ansprechen. Undenkbar in Corona-Zeiten mit geschlossenen Grenzen und erheblichen Reiseeinschränkungen. Aber dennoch, der Geist Gottes bahnt sich seinen Weg. Damals zur Zeit Jesu und in der jungen Kirche. Heute durch dich und mich in unserer Welt. Trotz Corona-Einschränkungen. (Er haucht wieder tief aus). Lassen Sie sich vom Atem Gottes erfüllen. Denken Sie daran, seine Botschaft und seine Liebe lässt sich durchaus auch mit anderthalb Metern Abstand weitertragen, heute in unsere Welt.

Der Bibel ein Gesicht geben

„Ich bin Stadtpfarrer Stefan Buß aus Fulda!"

ine alte Legende erzählt: Als Christus zum Himmel aufgefahren war, fragten die Engel: „Ja Herr, wie soll es denn eigentlich mit deinem Reich auf der Erde weitergehen? Er sagte zu ihnen: „Ich habe meine Jünger auf Erden!" Die Engel erschraken und sagten: „Herr, hast du das nicht vergessen, hast du mal geschaut, wie sie dein Reich umsetzen? Und die, die in deiner unmittelbaren Umgebung waren, wie schwach die sich zeigten? Sie verzagten, sie liefen davon. Sie haben dich sogar verleugnet und bei deinem Kreuzweg haben sie dich alle im Stich gelassen. Hast du wirklich keinen anderen Plan mit der Erde und deinem Reich auf Erden?", fragten die Engel. Und Christus entgegnete ihnen: „Nein, einen anderen Plan habe ich nicht." Also heißt das konkret mit anderen Worten, die Christen müssen der Bibel heute ein Gesicht geben. Sie sind die einzige Bibel, die die Welt heute noch liest. Sie sind Christi Hände, die den aufrichten, der am Boden zerstört ist. Sie sind Christi Füße, die sich auf den Weg machen zu den Leidenden und sie sind Christi Mund, der den Menschen die Frohe Botschaft verkündet. Ignatius von Loyola, der Begründer des Jesuitenordens (1540) sagte einmal: „Handle so, als ob alles von dir und nichts von Gott abhinge. Doch vertraue so auf Gott, als ob alles von Gott und nichts von dir abhinge!"

Der Kletterkünstler

„Ich bin Stadtpfarrer Stefan Buß aus Fulda!"

Der international anerkannte Management-Experte Jim Collins aus den USA hält sich in seiner Freizeit durch Klettern fit. Es gibt kein Treppenhaus oder keine Fassade, ja kein Berg ist vor ihm sicher. Er erklettert alles. Jesus hätte seine Freude an einem solchen Kletterkünstler. Er wünscht sich nämlich kreative und einfallsreiche Freunde. Leute, die beweglich sind und auch neue Wege wagen. Im Evangelium wird uns einmal berichtet, dass er zwölf Jünger beruft und er sendet sie hinaus das Reich Gottes zu verkünden (Mk 10,1-8). Sie sollen Kranke heilen, Tote auferwecken, Aussätzige rein machen. Ist so etwas überhaupt möglich? Es braucht auch heute solche Berufene und Gesandte, so wie die Jünger damals. Es ist eine Erfahrung, vor allem in Krisen, dass wir nämlich nicht mehr zu unserer Normalität zurückkehren können. Zum Beispiel in den Alltag vor der Corona Krise, sondern es gilt in Krisen stets neu zu überdenken, welche neuen Wege wir beschreiten können und wie wir kreativ den Menschen nahe sein können. Jeder und jede, die sich von Jesus ansprechen lassen, können heute heilen, wo unheilvolle Zustände herrschen. Können auferwecken, wo Menschen in den Gräbern der Angst gefangen sind. Können andere vom Aussatz befreien, wo sie von Hass und Neid gekennzeichnet sind. Vielleicht gehören auch du und ich zu diesen Gesandten, zu diesen Kletterkünstlern unserer Zeit.

Der gute Hirte

„Ich bin Stadtpfarrer Stefan Buß aus Fulda!"

Der 4. Ostersonntag ist der Sonntag des guten Hirten und Weltgebetstag um geistliche Berufe. Die älteste Christusdarstellung, die wir aus Rom kennen, zeigt Jesus nicht am Kreuz, sondern sie zeigen ihn als einen Hirten. Auf manchen Darstellungen wird er gezeigt, wie er seine Schafe zur Weide und ans Wasser führt. Bei anderen Bildern trägt er das Schaf auf den Schultern. Dieses Hirtenbild ist bereits im Alten Testament ein Bild für Gott und macht seine Hirtensorge deutlich. Ein Gott, der für sein Volk sorgt, wie ein guter Hirte. Der die Herde dorthin führt, wo sie Futter und Wasser findet. Der sie zum Ruheplatz am Wasser führt. So bringt es der Psalm 23 zum Ausdruck. Das Ziel dieses Hirten, eines biblischen Hirten-Gottes ist es, für die Herde da zu sein und für sie zu sorgen. Sein Ziel ist es nicht am Ende mit den Schafen gutes Geld zu machen, indem er ihnen das Fell über die Ohren zieht und ihr Fleisch verkauft, sondern sein Ziel ist die Sorge für diese Tiere, seine Hirtensorge. Lateinisch heißt der Hirte „Pastor". Am Sonntag des guten Hirten, also am 4. Ostersonntag, berichtet das Evangelium nach Johannes, dass Jesus sich selbst als „der gute Hirte" bezeichnet. An diesem Bild des guten Hirten können auch wir uns orientieren, wenn wir uns nach seiner Botschaft ausrichten wollen. Es braucht auch heute Menschen, die bereit sind, sich wie ein guter Hirte für andere einzusetzen und für andere da zu sein. Es braucht Menschen, die bereit sind sich wie ein guter Hirte um andere zu sorgen. Es braucht Menschen, die sich in Dienst nehmen lassen, um für andere da zu sein, anderen Orientierung zu geben. Vielleicht können auch wir heute in einer Begegnung mit einem Menschen, in unserer Familie, bei einem Besuch oder irgendeiner Kontaktaufnahme ein Stück für andere zum guten Hirten werden, zu einem Menschen, der weiß, was der andere braucht und sich um ihn sorgt.

Der kleine Webfehler

„Ich bin Stadtpfarrer Stefan Buß aus Fulda!"

Vor vielen Jahren habe ich einmal etwas ganz Interessantes über die Navajos, einen nordamerikanischen Indianerstamm, gelesen. Wenn die Navajos einen Teppich herstellen, dann weben sie ganz bewusst in einer Ecke einen kleinen Webfehler ein. Diesen Webfehler betrachten sie als die Stelle, an der der Geist Gottes in den Teppich hinein kann. Da, wo das Muster unterbrochen ist, da bekommt der Geist eine Chance. Mir ist dazu gleich die Redewendung eingefallen: „Der hat einen kleinen Webfehler." So kann man einen Menschen beschreiben, den man für ein bisschen verrückt hält oder der anscheinend nicht ganz bei Verstand ist. Auf alle Fälle ein Mensch, der auch unkonventionell denkt und auch ganz spontan Dinge in Bewegung bringt. Das Hereinbrechen des Heiligen Geistes hat Menschen verändert. Die Jünger damals können plötzlich Vertrauen. Die Ängstlichen bekommen Mut. Die Zögernden geraten in Bewegung und die Unsicheren werden plötzlich zu Zeugen. Wenn wir in der Kirchengeschichte einmal schauen, sind es immer wieder Menschen, die irgendwie einen kleinen Webfehler haben, die in der Kirche etwas bewegen. Sie denken unkonventionell ganz anders und können so Menschen in ihrer Zeit begeistern. So wünsche ich uns auch: Machen wir es doch wie die Navajos, erlauben wir uns einfach einen kleinen Webfehler. Dann gelingt im so oft eintönigen Muster des Alltags einmal ein Durchbruch. Machen wir es wie die Navajos. Erlauben wir uns heute einen Webfehler im oft so festgefahrenen Umgang mit anderen Menschen. Durchbrechen wir das geistlose Verhaltensmuster immer mehr haben zu wollen, immer besser sein zu müssen, immer zu fragen, was habe ich davon? Was bringts mir? Machen wir es selbst wie die Navajos und wenn dann jemand sagt: „Du hast ja einen kleinen Webfehler!", dann können wir eigentlich nur darüber lächeln und gelassen antworten: „Ja, hoffentlich, oder Gott sei Dank!"

Der längste Gottesdienst der Welt

„Ich bin Stadtpfarrer Stefan Buß aus Fulda!"

Kennen Sie den längsten Gottesdienst der Welt? Ich habe es auch einmal unsere Kommunionkinder gefragt und dann erklärt. Er beginnt mit dem Abendmahlsgottesdienst an Gründonnerstag und endet mit dem Fest der Auferstehung am Ostersonntag. Die Feier der heiligen drei Tage sind nur in einer Einheit zu verstehen. Leiden, Sterben und Auferstehung unseres Herrn Jesus Christus bilden eine Einheit. Und Ostern lässt sich nur feiern, wenn man vorher auch Gründonnerstag und Karfreitag begangen hat. Darauf leben Christen eigentlich das ganze Kirchenjahr hin. Es ist sozusagen der Höhepunkt unseres christlichen Glaubens. Was ich aber noch nie erlebt habe, waren die Kar- und Ostertage 2020. Ich feierte diese heiligen drei Tage in unseren Kirchen ohne Menschen, die unmittelbar im Kirchenraum an dieser Feier teilnehmen konnten. Nur über den Livestream der Innenstadtpfarrei (YouTube Innenstadtpfarrei Fulda) mit einer virtuellen Gemeinde war dies möglich. Öffentliche Gottesdienste waren wegen der Corona-Pandemie vom 15.3. bis 6.5. 2020 nicht erlaubt. Aber vielleicht war damit auch so ein Stück unser Leben umfasst. Jesus selber musste sich verabschieden von seinen Jüngern. Er ging den Weg durch das Leid in den Tod, aber auch zur Auferstehung. Und so trat durch ihn die Ostersonne ins Leben der Menschen. Vielleicht spiegelt sich darin auch ein Stück unseres Lebens. Das Leben in einer Krise, eben in schwierigen Zeiten. Auch wir müssen uns immer wieder von so manchem verabschieden. Es gibt leidvolle Erfahrungen, ja sogar den Tod als einschneidende Lebenserfahrung. Wir dürfen uns aber getragen wissen von der Hoffnung, dass die Ostersonne auch in unser Leben tritt und uns neues Leben, Hoffnung und Zuversicht schenkt.

Der liebe Gott weiß
was er an dir hat

„Ich bin Stadtpfarrer Stefan Buß aus Fulda!"

ch hatte einmal ein Telefonat mit jemandem, der regelmäßig unsere Livestream-Gottesdienste (YouTube Innenstadtpfarrei Fulda) mitfeiert. Und die Dame erzählte in diesem Gespräch, sie habe für sich eine Spruchkarte entwickelt und darauf sollte stehen: „Der liebe Gott weiß was er an dir hat!" Das hat mich tief getroffen – und ist das nicht etwas Wunderschönes? Ja, wir dürfen uns wirklich jeden Tag sagen lassen, „der liebe Gott weiß was er an dir hat". Der liebe Gott schätzt mich wert, so wie ich bin. Er kennt meine Stärken, meine Einsatzbereitschaft, er weiß aber auch um meine Schwächen, er weiß auch, dass ich immer und immer wieder hinter dem zurückbleibe, was eigentlich möglich ist. Er liebt mich, so wie ich bin. Und das ist ein wertvolles Geschenk, das wir uns jeden Tag auch zusagen lassen dürfen mit einem gesunden Egoismus. Das wünsche ich Ihnen für jeden Tag. Lassen Sie es sich zusagen: „Der liebe Gott weiß was er an dir hat! Du bist wertvoll! Du bist wichtig! Es ist gut, dass es dich gibt und du darfst mit dem, was dir als Gaben geschenkt ist, andere an jedem Tag beschenken. Gott segne Sie und bleiben Sie gesund und alle, die krank sind, behüte er und schenke Heil und Heilung.

Gebet in schweren Zeiten

In schweren Zeiten hilft mir häufig das folgende Gebet des Herz-Jesu-Missionars Pater Norbert Becker. Er ist Textdichter und Komponist neuer geistlicher Lieder:

Gott, du bist die Quelle des Lebens. Du schenkst uns Hoffnung und Trost in schweren Zeiten. Dankbar erinnern wir uns an deinen Sohn Jesus Christus, der viele Menschen in deinem Namen heilte und ihnen Gesundheit schenkte.

Angesichts der weltweiten Verbreitung von Krankheit und Not bitten wir dich:

Lass nicht zu, dass Unsicherheit und Angst uns lähmen. Sei uns nahe in der Kraft des Heiligen Geistes. Lass uns besonnen und verantwortungsvoll handeln und unseren Alltag gestalten. Schenke uns Gelassenheit und die Bereitschaft, einander zu helfen und beizustehen.

Sei mit allen, die politische Verantwortung tragen. Sei mit allen, die gefährdete und kranke Menschen begleiten und sie medizinisch versorgen.

Lass uns erfinderisch sein in der Sorge füreinander und schenke uns den Mut zu Solidarität und Achtsamkeit.

Gott, steh uns bei in dieser Zeit, stärke und segne uns.

Amen.

Gott segne Sie und bleiben Sie gesund, und wenn Sie krank sind, behüte Sie Gott und schenke Ihnen Heil und Heilung.

Die Geschichte vom Problem

„Ich bin Stadtpfarrer Stefan Buß aus Fulda!"

s war einmal ein Problem, das sehr traurig und unglücklich war, weil alle Menschen darüber schimpften und es verfluchten. Dabei fing alles so spannend an… In der Problementstehungsfabrik hatte man ihm in der Endkontrolle gesagt, dass es eine großartige Bestimmung habe und den Menschen ganz besondere Momente in ihrem Leben bringen würde. Voller Freude und Tatendrang machte sich das Problem daran, die Menschenwelt zu besuchen. Doch anfangs wollte es niemand beachten, es war noch zu klein, ein kleines Problemchen. Genährt durch das Verdrängen und Wegschieben der Menschen, wuchs es zu einem beachtlichen Problem heran. Jetzt wurde es beachtet, allerdings zog es auch schon den ersten Missmut auf sich. Und weiterhin weit und breit keine Sicht nach besonderen Momenten, wie man es ihm vor einer Ewigkeit versprach. Es wuchs weiter und wurde größer und größer. Die Beschimpfung der Menschen schlug in Resignation um. Bis eines Tages das Korsett der Resignation gesprengt wurde und ein junger Mann mit seinem Sohn das Problem betrachtete. „Das wird keine leichte Aufgabe", sagte der Mann zu seinem Sohn. „Da haben wir ja ein richtiges Problem, Paps, oder?" „Lass dich nicht einschüchtern, mein Sohn. Ein Problem ist nichts weiter als eine Herausforderung, eine Aufgabe, die es zu lösen gilt – mehr nicht. Eine Hürde, die wir gemeinsam überspringen werden. Vielleicht müssen wir hierfür neue Sichtweisen und Standpunkte einnehmen, uns weiterentwickeln. Auf alle Fälle ist ein Problem FÜR uns da." „Wie kann etwas FÜR uns sein, wenn wir Schwierigkeiten damit haben?" „Weil wir daran wachsen werden, mein Sohn. Und nachdem wir es bewältigt haben, werden wir anderen Menschen helfen können, wie sie solch ein Problem lösen können." Das Problem lauschte im Hintergrund gespannt und freute sich darauf, dass nun endlich jemand den Mut fasste und sich seiner annahm. „Weshalb bist du so sicher, Paps?" „Wenn ein Problem gegen uns wäre, müsste es CONTRABLEM heißen – tut es aber nicht", zwinkerte er seinem Sohn zu. Und das Problem verstand nun, welchen besonderen Moment es den Menschen brachte. Kleine Probleme versprachen kleine Entwicklungsschritte, große Probleme hingegen gingen einher mit großen Entwicklungen – und unser Problem hier war schon verdammt groß.

Ja, ihr Lieben, für jedes Problem gibt es auch eine Lösung. Wir leben in einer dualen Welt, in einer Welt der Gegensätze wie Tag und Nacht, warm und kalt, leicht und schwer, Liebe und Hass usw. Das Eine kann ohne das Andere nicht existieren. Es kann also kein Problem ohne eine Lösung geben. Das geht ganz einfach nicht. Die Lösung zu finden ist nicht allzu schwer, wenn wir einen Wegweiser haben. Und dieser Wegweiser nennt sich NIPSILD. NIPSILD bedeutet: NICHT IN PROBLEMEN, SONDERN IN LÖSUNGEN DENKEN! Das, worauf wir unsere Aufmerksamkeit richten, wird mehr. Wenn wir unsere Gedanken auf unser Problem ausrichten, dann wird das Problem größer und größer, es nimmt immer mehr zu, weil wir durch unsere Gedankenkraft, die pure Energie ist, das Problem aufladen; das ist der Gebrauch unserer negativen Gedankenkraft. Wenn wir unsere Gedanken vom Problem abziehen und uns auf die Lösung konzentrieren, ziehen wir das in unser Leben, was wir wirklich wollen, nämlich die Lösung. Das ist der Gebrauch unserer positiven Gedankenkraft. Wenn wir uns auf die Lösung ausrichten, entziehen wir unserem Problem die Energie und es kann nicht mehr größer werden. Die Lösung kann sich zeigen.

Die Hochzeit zu Kana

n den ärmeren Kreisen in China ist es üblich, dass die Hochzeitsgäste zum Gelingen des Festes auch Wein mitbringen. Diesen können sie dann am Eingang in ein großes Fass schütten. Doch was, wenn sich dann herausstellt, dass in diesem Fass gar kein Wein ist, sondern nur Wasser? Alle dachten, es würde ja nicht auffallen, wenn sie anstatt des versprochenen Weines eine Flasche mit Wasser abfüllen. Müssten dann nicht die Gäste beschämt nach Hause gehen, weil kein Fest stattfinden kann? Die Bibel berichtet uns von einem Weinwunder, das Wunder bei der Hochzeit von Kana (Jo. 2,1-12). Es zeigt uns die Großzügigkeit und Liebe Gottes, als Hinweis auf ein noch viel größeres Fest, dass uns bei Gott einmal erwarten wird. Und Maria weist uns den Weg dorthin, den Weg zu ihrem Sohn Jesus Christus. Sie hat einen Blick für die entstandene Not, sie ist aufmerksam für die ganz konkreten Probleme der Menschen. „Als der Wein ausging, sagte die Mutter Jesu zu ihm: Sie haben keinen Wein mehr" (vgl. Jo.2,3). Sofort erkennt sie die Situation und möchte dem Ehepaar helfen und damit für den reibungslosen Verlauf des Hochzeitsfestes sorgen. So tritt sie an ihren Sohn heran und bittet auch in unserem Namen ihnen zu helfen. Gott erhört jedes Gebet, aber er handelt immer so, dass es dem Heil des Menschen dient. Deshalb tut Jesus dieses erste Zeichen und Wunder in Kana nur auf die Bitte Mariens hin. Das müsste doch auch für uns eine Hoffnung und ein Trost sein, dass die Fürsprache Mariens ein solch großes Gewicht bei Gott hat. Auch im Haus der Brautleute muss sie ein großes Ansehen gehabt haben, sonst hätten nicht alle auf sie gehört, als sie ihnen den Rat gab: „Was er euch sagt, das tut!" (Jo. 2,5) Maria sieht unsere Nöte und trägt sie durch unsere Gebete immer und sofort zu ihrem Sohn Jesus Christus, damit wir lernen auf ihn unser ganzes Vertrauen zu setzen. Aber auch, damit er unser Leben wandeln darf, sich in unserem Leben zeigen kann und wir im Vertrauen lernen, so wie seine Jünger, an ihn zu glauben.

Die drei Siebe

„Ich bin Stadtpfarrer Stefan Buß aus Fulda!"

Zum weisen Sokrates kam einer gelaufen und sagte: „Höre Sokrates, das muss ich dir erzählen!" „Halte ein!" – unterbrach ihn der Weise, „Hast du das, was du mir sagen willst, durch die drei Siebe gesiebt?" „Drei Siebe?", frage die andere voller Verwunderung. „Ja guter Freund! Lass sehen, ob das, was du mir sagen willst, durch die drei Siebe hindurchgeht: Das erste ist die Wahrheit. Hast du alles, was du mir erzählen willst, geprüft, ob es wahr ist?" „Nein, ich hörte es erzählen und..." „So! Aber sicher hast du es im zweiten Sieb geprüft. Es ist das Sieb der Güte. Ist das, was du mir erzählen willst, gut?" Zögernd sagte der andere: „Nein, im Gegenteil..." „Hm...", unterbrach ihn der Weise, „so lass uns auch das dritte Sieb noch anwenden. Ist es notwendig, dass du mir das erzählst?" „Notwendig nun gerade nicht..." „Also", sagte lächelnd der Weise, „wenn es weder wahr noch gut noch notwendig ist, so lass es begraben sein und belaste dich und mich nicht damit." Vielleicht ist das auch für uns eine gute Richtschnur, wenn wir wieder mal schnell dabei sind etwas weiterzuerzählen. Ist es wirklich wahr? Ist es etwas Gutes? Und ist es unbedingt notwendig?

Die wunderbare Zeitvermehrung

„Ich bin Stadtpfarrer Stefan Buß aus Fulda!"

Der Theologe und Schriftsteller Lothar Zenetti (1926–2019) war von 1981 bis 1991 als Senderbeauftragter für den Hörfunk der katholischen Kirche beim Hessischen Rundfunk tätig. In dieser Zeit konnte ich mehrere Fortbildungsveranstaltungen mit ihm für meine Rundfunkarbeit für das Bistum Fulda erleben, die mich reich beschenkten. Lothar Zenetti griff biblische Themen auf und aktualisierte sie für die heutige Zeit. So auch die folgende Geschichte von ihm. In ihr übertrug er die Geschichte der Speisung der 5000 (vgl. Jo. 6,1-15) auf das Thema Zeit.

Und Jesus sah eine große Menge Volkes, die Menschen taten ihm leid und er redete zu ihnen von der unwiderstehlichen Liebe Gottes.

Als es dann Abend wurde, sagten die Jünger: „Herr schicke diese Leute fort, es ist schon spät, sie haben keine Zeit". „Gebt ihnen doch davon!", so sagte er, „gebt ihnen doch von eurer Zeit!"

„Wir haben selbst keine", fanden sie, „und was wir haben, dieses Wenige, wie soll das reichen für so viele?"

Doch da war einer unter ihnen, der hatte wohl noch fünf Termine frei, mehr nicht, zur Not, dazu zwei Viertelstunden.

Und Jesus nahm, mit einem Lächeln, diese fünf Termine, die sie hatten und die beiden Viertelstunden in die Hand. Er blickte auf zum Himmel, sprach das Dankgebet und Lob, dann ließ er austeilen die kostbare Zeit durch seine Jünger an die vielen Menschen.

Und siehe da: Es reichte nun das Wenige für alle. Am Ende füllten sie sogar zwölf Tage mit dem, was übrig war an Zeit, das war nicht wenig.

Es wird berichtet, dass sie staunten.

Wenn wir im Alltag miteinander Zeit teilen, dann werden wir auch die Erfahrung machen, geteilte Zeit ist keine verlorene, sondern geschenkte Zeit und jeder nur so kleine Augenblick kann wertvoll sein und uns bereichern.

Drei Fragen

„Ich bin Stadtpfarrer Stefan Buß aus Fulda!"

Jemand hat mir einmal über E-Mail einen kleinen Impuls geschickt. Dieser Impuls besteht aus drei Fragen, die wir uns jeden Morgen stellen sollten. Ich möchte diese Fragen Ihnen mit in den Tag geben. Es sollen drei Impulsfragen sein, mit denen der amerikanische Schriftsteller und Philosoph Henry David Thoreau (1817–1862) gelebt haben soll. Er selbst hatte französische Vorfahren, sein Vater war aus Frankreich nach Amerika ausgewandert. Er zog sich für einige Zeit in die Wälder zurück. Am 4. Juli 1845, dem Unabhängigkeitstag, bezog Thoreau eine selbsterbaute Blockhütte (Walden Hut) bei Concord am Walden-See, auf einem Grundstück von Ralph Waldo Emerson, einem Philosoph und Dichter. Hier lebte er etwa zwei Jahre zwar allein und selbstständig, aber nicht abgeschieden. In seinem Werk deutsch: „Walden. Oder das Leben in den Wäldern" beschrieb er sein einfaches Leben am See und dessen Natur, aber er integrierte auch Themen wie Wirtschaft und Gesellschaft. Das Experiment „Walden" machte Thoreau klar, dass sechs Wochen Lohnarbeit im Jahr ausreichend sind, um seinen Lebensunterhalt zu sichern. Die verbleibende Zeit konnte er nutzen, um zu lesen, zu schreiben, nachzudenken und die Natur zu erkunden. Hier entwickelte er auch seine drei Fragen für jeden Tag. Sie lauten: 1. Frage dich jeden Tag: Was ist gut an deinem Leben? 2. Frage dich auch: Worüber kannst du glücklich sein? und 3. Frage dich schließlich: Wofür solltest du dankbar sein? Was ist gut an deinem Leben? Was macht dich glücklich? Wofür bist du dankbar? Sicherlich drei bedenkenswerte Fragen, die wir am Anfang, aber auch am Ende des Tages uns selbst stellen können. Wie beantworten Sie diese Fragen für sich?

„Du bist ein Geschenk des Himmels"

„Ich bin Stadtpfarrer Stefan Buß aus Fulda!"

Der deutschsprachige Lyriker Paul Celan (1920–1970) gilt als einer der bedeutendsten deutschsprachigen Dichter des 20. Jahrhunderts. Er stammte ursprünglich aus der heutigen Ukraine und starb 1970 in Paris. Er hat den folgenden wunderschönen Text verfasst: „Menschen wissen nicht, wie wichtig es ist, dass sie einfach da sind. Manche Menschen wissen nicht, wie gut es tut sie nur zu sehen. Manche Menschen wissen nicht, wie tröstlich ihr gütiges Lächeln wirkt. Manche Menschen wissen nicht, wie wohltuend ihrer Nähe ist. Manche Menschen wissen nicht, wieviel ärmer wir ohne sie wären. Manche Menschen wissen nicht, dass sie ein Geschenk des Himmels sind. Sie wüssten es, würden wir es ihnen manchmal sagen."

Diese Worte gehen für mich in zwei Richtungen. Zum einen: Schau mal nach Menschen um dich herum, die dir guttun. Sag es ihnen einfach mal. Und zweitens: Mach dir selbst bewusst, du bist beschenkt, du bist begabt, du kannst etwas weitergeben für andere. Du bist ein Geschenk!

Einen Sprung in der Schüssel

„Ich bin Stadtpfarrer Stefan Buß aus Fulda!"

Von einem unbekannten Autor stammt die folgende Geschichte. Es war einmal eine alte chinesische Frau, die zwei große Schüsseln hatte, die von den Enden einer Stange hingen, die sie über ihren Schultern trug. Eine dieser Schüsseln hatte einen Sprung, während die andere makellos war und stets eine volle Portion Wasser fasste. Am Ende der langen Wanderung vom Fluss zum Haus der alten Frau war die andere Schüssel jedoch immer nur noch halb voll. Zwei Jahre lang geschah dies täglich. Die alte Frau brachte immer nur anderthalb Schüsseln Wasser mit nach Hause. Die makellose Schüssel war natürlich sehr stolz auf ihre Leistung, aber die arme Schüssel mit dem Sprung schämte sich wegen ihres Makels und war betrübt, dass sie nur die Hälfte dessen verrichten konnte, wofür sie gemacht war. Nach zwei Jahren, die ihr wie ein endloses Versagen vorkamen, sprach die Schüssel zu der alten Frau: „Ich schäme mich so wegen meines Sprungs, aus dem den ganzen Weg zu deinem Haus immer Wasser fließt." Die alte Frau lächelte: „Ist es dir aufgefallen, dass auf deiner Seite des Weges Blumen blühen, aber auf der Seite der anderen Schlüssel nicht? Ich habe auf deiner Seite des Pfades Blumensamen gesät, weil ich mir deines Fehlers bewusst war. Nun gießt du sie jeden Tag, wenn wir nach Hause laufen. Zwei Jahre lang konnte ich diese wunderschönen Blumen pflücken und den Tisch damit schmücken. Wenn du nicht genau so wärst, wie du bist, würde diese Schönheit nicht existieren und unser Haus beehren." Vor Gott dürfen wir auch mal „einen Sprung in der Schüssel" haben. Ich muss vor Gott nicht perfekt sein, sondern ich darf das, was mir geschenkt ist, einsetzen. Gott weiß auch um meine Schwächen und selbst die kann ich vielleicht nutzbar machen für andere. Ich wünsche ihnen einen gesegneten Tag und es macht nichts. Gott liebt Sie, auch wenn Sie vielleicht „einen kleinen Sprung in der Schlüssel" haben.

Die Emmausjünger

„Ich bin Stadtpfarrer Stefan Buß aus Fulda!"

s ist mein Lieblingsevangelium, mein Lieblingsosterevangelium. Das Evangelium der beiden Jünger auf ihrem Weg nach Emmaus (Lk 24,13-35). Warum ist das so? Weil es eine Weggeschichte ist und ich ein altes Pilgerherz habe? Ja, sicherlich auch das. Aber in erster Linie ist es die Spannung, in die diese Geschichte gestellt ist. Es ist die Spannung meines Lebens. Die Jünger erkannten Jesus nicht auf ihrem Weg, als er mitging, und waren von „Blindheit geschlagen" (Lk 24,16). Und es geht bis hin zu der Erfahrung „Brannte uns nicht das Herz in der Brust, als er unterwegs mit uns redete?" (Lk 24,32). In diese Spannung ist auch mein Leben immer wieder gestellt. In beiden Fällen machen die Jünger die Erfahrung, Jesus ist da, er geht mit ihnen. Er hört ihnen zu, als es um sie dunkel ist. Auch als sie von ihrer Trauer erzählen und sie ihn nicht erkennen. Er hält mit ihnen Mahl und bricht das Brot und sie erkennen ihn. Danach hält es sie nicht mehr auf den Stühlen. Sie kehren nach Jerusalem zurück. „Brannte uns nicht das Herz in der Brust, als er unterwegs mit uns redete?", sagen sie zueinander. Ich wünsche uns auch diese Erfahrung. Egal ob wir in einer Situation sind „von Blindheit geschlagen" oder „brannte uns nicht das Herz", dass wir sicher sein dürfen: Der Herr ist nahe.

Energiewende

„Ich bin Stadtpfarrer Stefan Buß aus Fulda!"

Die „Energiewende" bewegt die Öffentlichkeit. Kommt der vollständige Ersatz von fossilen Ressourcen wie Kohle, Gas und Öl bei der Erzeugung von Strom, Wärme und bei der Mobilität? Werden Windräder und Photovoltaikanlagen zu tragenden Säulen der Energiewende? Wie kann man Energieeffizienz steigern und CO_2-Emissionen senken, grüne Energien ausbauen? „Nachhaltigkeit" ist zu einem wichtigen Begriff geworden, auch im Gesundheitswesen, in der Sicherheits- und Friedenspolitik oder in der Entwicklungshilfe. Kurzfristige oder nur „kosmetische" Verbesserungen nützen nichts. Künftige Generationen haben ein Recht darauf, dass wir heute schon an sie denken und die Weichen richtig stellen. Und die Kirche darf nicht bei äußeren Reformen oder bloßer Imagepflege stehen bleiben. Biblisch ausgedrückt, geht es darum: „Frucht bringen, die bleibt" (Jo. 15,16). Etwas bleibend Gutes bewirken – das ist „Frucht bringen" – das ist Nachhaltigkeit im Sinne Jesu. Er fordert sie, und er schenkt sie allen, die mit ihm und miteinander verbunden sind. Kirche ist nicht Organisation, sondern Organismus. „In ihm bleiben" (Jo. 15,4), das ist die Energiequelle der Christen. Getrennt von ihm können wir nichts nachhaltig Gutes bewirken. Unsere Bemühungen bleiben fruchtlos. „Wenn Menschen gottlos werden, dann sind Regierungen ratlos, Lügen grenzenlos, Schulden zahllos, Besprechungen ergebnislos. Dann ist Aufklärung hirnlos, sind Politiker charakterlos, Christen gebetslos, Kirchen kraftlos, Völker friedlos, Sitten zügellos, Mode schamlos, Verbrechen maßlos, Konferenzen endlos, Aussichten trostlos."

(Antoine de Saint-Exupéry, Der kleine Prinz, 1918)

Eine „kopernikanische Wende" steht an: Wie die Erde um die Sonne kreist, so muss die Kirche um Christus kreisen. Wie die Kraft der Sonne in Strom verwandelt wird, so beziehen wir unsere Energie von Jesus Christus, die in seine Liebe gewandelt werden muss.

Freude

Karl Valentin (1882–1948, dt. Komiker) sagte einmal: „Ich freue mich, dass es regnet. Denn wenn ich mich nicht freue, regnet es trotzdem." Es kommt immer darauf an, wie ich reagiere – als re-aktiver oder als pro-aktiver Mensch. Etwas vereinfacht gesagt: Bei schlechtem Wetter geht's re-aktiven Menschen schlecht, bei gutem Wetter gut. Pro-aktive Menschen steuern sich von innen her. Sie haben das Wetter in sich. Die einen sind auf eine bestimmte vorgegebene Atmosphäre angewiesen, die anderen stellen sie selbst her und verbreiten sie. Freude ist mehr als das laute Auflachen über einen guten Witz. Nach dem Apostel Paulus sind tiefer Friede und ruhige Freude Grundhaltungen „im Herrn" (vgl. Phil. 4,4-7). Wir können uns in den Sorgen des täglichen Lebens, in der Enttäuschung über die Kirche und in den Spannungen der Gesellschaft aufreiben. Wir können aber auch auf den menschenfreundlichen Gott vertrauen. Sein Geist wohnt und wirkt in uns. „Wir behalten immer die souveräne Ruhe. Nichts soll uns erschüttern. … In unserem Beichtspiegel müsste der schwerste Fehler sein: sich beunruhigen zu lassen durch die Unruhe der Zeit." (P. Josef Kentenich, 1941) Der Klimawandel, den wir meinen, beginnt innen, nicht (nur) außen, weil Christsein ebenfalls von innen wächst. – Darum achte auf deine Gedanken; sie werden zu Worten. Achte auf deine Worte; sie werden zu Taten. Achte auf deine Taten; sie werden zur Haltung. Achte auf deine Haltung; sie prägt das Klima."

Lassen wir uns immer einmal fragen:

Spüre ich Anzeichen von Entmutigung oder Enttäuschung in mir? Gebe ich das Zeugnis eines frohen Christseins? Trauere ich noch dem nach, was „nicht mehr geht" oder sehe ich schon positive Ansätze? Wir wirken nicht so sehr durch das, was wir sagen und tun, sondern durch das, was wir sind" (Pater Kentenich, Gründer der Schönstattbewegung, 1885–1968).

Fastnacht

„Ich bin Stadtpfarrer Stefan Buß aus Fulda!"

Mancher hält es für verrückt
und ist keineswegs entzückt
von den Worten unsres Herrn,
die er aussprach allzu gern.

Jesus hat es vorgelebt.
Über uns sein Aufruf schwebt:
Liebt die Feinde, hasst sie nicht!
Das ist eure Christenpflicht.

Was von andern du verlangst,
gib' auch ihnen ohne Angst.
Lieben sollst du jedermann,
der es nicht erwidern kann.

Sei ein Narr um Christi willen!
So hilfst du die Sehnsucht stillen
nach dem Frieden und dem Glück.
Jeder will davon ein Stück.

Karneval ist Zeit zum Lachen,
wenn wir andern Freude machen.
Lasst uns Schwestern, Brüder sein,
dann stellt sich auch Jubel ein.

Halleluja lasst uns singen
Und Helau darf auch erklingen.
Gott schenkt Brot und auch den Wein.
Lasst uns darum fröhlich sein!

Helau und Föllsch Foll hinein!

Feriengebet

„Ich bin Stadtpfarrer Stefan Buß aus Fulda!"

Wer in den kommenden Wochen sich auf den Weg in die Ferien begibt, sei behütet und begleitet mit dem kleinen Gebet: Liebender Gott, du bist bei uns und gehst mit uns mit. Die kurzen und die langen Wege, die schönen und die unangenehmen, die aufregenden und die gefährlichen. Du begleitest uns bei unseren Abenteuern, unseren Entdeckungstouren und auch bei unseren ruhigen Tagen, an denen wir einfach zu Hause bleiben. Du bist dabei, wenn wir in den Urlaub aufbrechen, wenn wir zurück nach Hause kommen, wenn wir Freunde treffen und wenn wir Zeit mit unseren Familien verbringen. Wir bitten dich für unsere Ferien. Lass uns nicht allein, zeige uns immer wieder deine Nähe, auch in unserem Alltag beim Spielen und bei der Arbeit. Sei mit uns. Segne und behüte uns und alle, die wir lieb haben, durch Jesus Christus, der unser Freund und Wegbegleiter ist. Amen.

Reisesegen

„Ich bin Stadtpfarrer Stefan Buß aus Fulda!"

Herr Jesus Christus, wir sind mit dir unterwegs,
um zueinander zu finden.

Wenn du mit uns gehst, geschieht etwas an uns und durch uns.

Wir bitten dich:

Herr, öffne unsere Herzen für deine Liebe und lass uns diese Liebe
den Menschen weitergeben, denen wir begegnen.

Herr, öffne unsere Augen für die Wunder deiner Schöpfung und
für die Nöte und Probleme, auf die wir stoßen.

Herr, öffne unsere Hände, damit wir die Hände der anderen ergreifen
und dort helfen, wo Hilfe nötig ist.

Herr, lass unsere Füße sichere Schritte tun auf dem Weg des Friedens.

Herr, lass uns einander suchen und finden und wohlbehalten
heimkehren voller schöner Erlebnisse!

Herr, lass diesen Weg ein kleiner Schritt sein auf dem großen
Weg zu dir!

Herr, wir freuen uns, dass wir mit dir unterwegs sind.

Frederick, die Maus

„Ich bin Stadtpfarrer Stefan Buß aus Fulda!"

Die Feldmaus Frederick lebt mit ihrer Familie in einer alten Steinmauer. Der Sommer neigt sich dem Ende entgegen und der Herbst zieht über das Land. Für die Feldmäuse heißt es nun Tag und Nacht arbeiten. Es müssen Vorräte für den Winter gesammelt werden. Stück für Stück wandern Körner, Nüsse, Mais und Stroh in den Mäusebau. Jeder ist fleißig bei der Sache. Nur Frederick nicht. Er sitzt auf einem Stein und scheint nichts zu tun. Als die Mäuse fragen, warum er nicht hilft, so antwortet Frederick, dass er doch auch sammelt. Er fängt die Sonnenstrahlen ein, die Farben und die Wörter. Diese Vorräte sind ebenso wichtig, denn der Winter ist lang, kalt und grau. Und dann ist er da, der Winter. Mit der Zeit schwinden alle Vorräte und der Frühling ist nicht in Sicht. Alle kleinen Mäuse frieren. Da holt Frederick seine Sammlung hervor: Seine Worte werden zu einem hoffnungsvollen Gedicht, die Erinnerungen an die Sonnenstrahlen wärmen das Herz und die bunten Farben schmücken alles festlich aus… „Die Maus lebt nicht vom Korn allein", das ist Fredericks Motto. „Der Mensch lebt nicht vom Brot allein, sondern von jedem Wort, das Gott zu uns spricht", so heißt es im Alten Testament (Dtn. 8,3). Diese Formulierung finde ich sehr schön, denn sie macht deutlich: Wir brauchen beides: Brot und Wort, Vorräte und Geschichten. Die Geschichte von Frederick ist natürlich überspitzt, denn auch Frederick braucht Nahrung für den Winter, damit er überhaupt Geschichten erzählen kann. Aber die Vorräte allein sind nicht das Leben, Schule und Hausaufgaben allein sind nicht das Leben, Arbeit und Kontostand allein sind nicht das Leben. Wer mehr sucht, wer tiefer leben möchte, der ist gut beraten, es einmal mit Gott zu versuchen. Die Geschichte von Frederick, der kleinen Maus, zeigt uns: wir brauchen nicht nur materielle Werte - die sind natürlich auch lebenswichtig: Essen, Trinken, Kleidung und ein Dach über dem Kopf - wir brauchen auch ideelle Werte; wir brauchen Sonnenstrahlen, Farben und Wörter, wir brauchen Geborgenheit, Liebe und das Gefühl von Wertschätzung und Akzeptanz, wir brauchen Herausforderungen, Ideen, Kreativität, Selbstentfaltung, aber auch schöne Erinnerungen und gute Erfahrungen.

Engel sein

„Ich bin Stadtpfarrer Stefan Buß aus Fulda!"

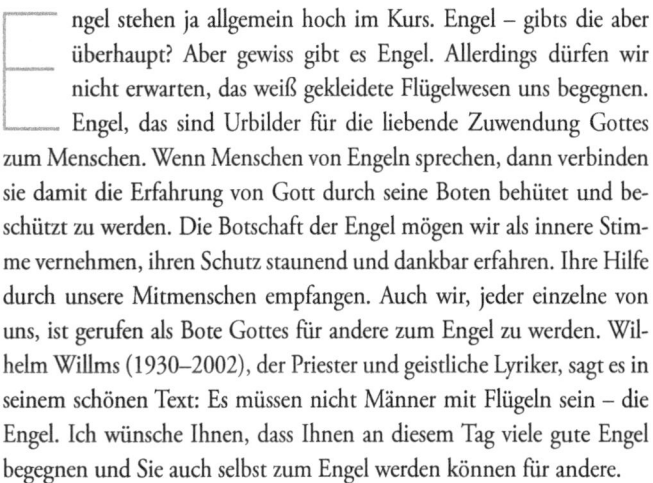

Engel stehen ja allgemein hoch im Kurs. Engel – gibts die aber überhaupt? Aber gewiss gibt es Engel. Allerdings dürfen wir nicht erwarten, das weiß gekleidete Flügelwesen uns begegnen. Engel, das sind Urbilder für die liebende Zuwendung Gottes zum Menschen. Wenn Menschen von Engeln sprechen, dann verbinden sie damit die Erfahrung von Gott durch seine Boten behütet und beschützt zu werden. Die Botschaft der Engel mögen wir als innere Stimme vernehmen, ihren Schutz staunend und dankbar erfahren. Ihre Hilfe durch unsere Mitmenschen empfangen. Auch wir, jeder einzelne von uns, ist gerufen als Bote Gottes für andere zum Engel zu werden. Wilhelm Willms (1930–2002), der Priester und geistliche Lyriker, sagt es in seinem schönen Text: Es müssen nicht Männer mit Flügeln sein – die Engel. Ich wünsche Ihnen, dass Ihnen an diesem Tag viele gute Engel begegnen und Sie auch selbst zum Engel werden können für andere.

Für wen Händewaschen?

„Ich bin Stadtpfarrer Stefan Buß aus Fulda!"

n der Corona-Krise erfuhr ich von einem Tipp zum Händewaschen, der hier auch aufgeschrieben ist. Aus hygienischen Gründen soll man sich regelmäßig und richtig die Hände waschen. Er stammte aus Südtirol und beinhaltete die Empfehlung, sich die Hände so lange zu waschen, wie ein „Vaterunser" dauert. Eine Empfängerin meiner Impulse meldete sich bei mir und berichtete, dass sie den Impuls gleich im Alltag konkret umgesetzt hat. Sie berichtete: „Ich habe mir jetzt vorgenommen das Vaterunser zu beten, aber immer in einem besonderen Anliegen und für besondere Personen. In einer Woche denke ich bei jedem Vaterunser an ein Familienmitglied oder einen Verwandten. In der nächsten Woche werde ich dann bei jedem Händewaschen jeweils eine befreundete Person einschließen. In wieder einer darauffolgenden Woche gedenke ich Menschen, die in meiner Straße und Umgebung leben. In einer weiteren Woche möchte ich die Menschen einschließen, die in meinem Leben wertvolle Wegbegleiter waren und sind. Und schließlich dann eine Woche bete ich für all die Menschen, die inzwischen gestorben sind." Wofür oder für wen betest du heute dein Vaterunser beim Händewaschen?

„Für wen haltet ihr mich?"

„Ich bin Stadtpfarrer Stefan Buß aus Fulda!"

„Jesus will keine Bewunderer; er braucht Nachfolger", hat ein großer christlicher Denker, der Däne Sören Kierkegaard (1813-55), einmal gesagt. Darum geht es im Evangelium Jesu: Um Nachfolge. Wer kann ein Jünger Jesu sein – auch heute? Das Nachdenken darüber beginnt mit einer eher harmlosen Frage Jesu: „Für wen halten mich die Leute?" (vgl. Mt.16, 13-20). Ein bisschen biblische Meinungsumfrage passiert da. Die Jünger geben ihren Eindruck wieder: Die Leute fühlen sich durch Jesus an Johannes den Täufer, an Elias oder an andere alte Propheten erinnert. Jesus wird hier eingeordnet in etwas, das schon bekannt ist, das schon einmal da war. Propheten - das kannten die Leute, die gab es immer wieder. Nach Meinung der Leute ist Jesus „nichts anderes als ein Prophet". So formulieren wir das gerne: „nichts anderes als …" Das Typische, das Neue, noch nicht Dagewesene kommt so nicht in den Blick. Auch heute kann das so laufen: Jesus ist einer der großen Weisen in der Welt, sagt man dann. Einer der maßgeblichen Menschen. Ein Revolutionär, ein Friedensstifter, ein Mahatma Gandhi von damals. Aber ist es das schon? Die zweite Runde in der Meinungsumfrage geht an die Experten, an die, die Jesus tagtäglich erleben, also an die Jünger: „Ihr aber, ihr Jünger, für wen haltet ihr mich?" Geben wir die Frage weiter an die Gläubigen heute, an Sie und mich. Was würden wir heute antworten?

Kierkegaard sagt: „Jesus will keine Bewunderer; er braucht Nachfolger". So fährt der dänische Denker fort: „Die Bewunderer rühmen die großen Taten Jesu in der Welt von damals. Die Nachfolger wissen, dass Jesus in der Welt von heute ankommen und anwesend sein will. Die Bewunderer gehen einer letzten Entscheidung für Jesus geschickt aus dem Weg. Sie fragen: Was habe ich von Jesus? Die Nachfolger fragen: Was hat Jesus von mir? Die Bewunderer sonnen sich gern im Glanz Jesu. Die Nachfolger wenden sich gern dem Elend der Welt zu. Nein, Jesus will keine Bewunderer, auf die kann er verzichten. Auf Nachfolger nicht."

Wollen Sie auch zu einem Nachfolger, einer Nachfolgerin werden?

Gastfreundschaft

„Ich bin Stadtpfarrer Stefan Buß aus Fulda!"

m Buch Genesis begegnet das Motiv der Gastfreundschaft: „Bei der Eiche von Mamre, während Abraham am Eingang des Zeltes saß" (Gen 18,1), sieht er drei Fremde auf sich zukommen. Am Ende des Tages erfährt er, dass in seinen Gästen Gott selbst ihm erschienen ist. Über der Gastfreundschaft, die er drei Fremden erweist, empfängt er eine neu ersehnte Verheißung. Im Fremden begegnet ihm Gott. Im Neuen Testament mahnt der Hebräerbrief die christliche Gemeinde: „Vergesst nicht die Gastfreundschaft, durch sie haben manche schon Engel bewirtet und wussten es nicht." (Hebr. 13,2). Gastfreundschaft ist immer auch riskant, denn man weiß ja nicht, wen man sich da ins Haus holt. Der Fremde, der Andere, der vielleicht eine andere Sprache spricht und anderen Werten folgt, ist eine Infragestellung und erscheint manchmal auch als Bedrohung. Gerade darin aber eröffnet er die Chance der Gottesbegegnung. Wir leben heute in vielfacher Hinsicht in einer Welt der Fremden: Da sind nicht nur die Flüchtlinge, die in unser Land gekommen sind oder die Religion des Islam, die uns so fremd geblieben ist. Es gibt auch das Gefühl der Fremdheit im eigenen Leben, das unser moderner Lebensstil hervorbringt. Es gibt die Vielen, die schon lange nicht mehr in der Gemeinde zuhause sind, die „Kirchenfremden", die am Rand stehen oder sich ausgeschlossen fühlen. Und auch wir selbst sind ja oft längst nicht mehr so in unserem Glauben und seinen Traditionen beheimatet, wie das vielleicht einmal selbstverständlich war und erfahren uns als Fragende und Suchende und manchmal wohl auch als Zweifelnde. Auf dem Hintergrund unserer eigenen Erfahrungen verstehen wir vielleicht besser, was eine von der Bibel inspirierte Gastfreundschaft bedeuten kann. In den Anfängen der Christenheit war Gastfreundschaft Ausdruck eines neuen, anderen Lebensstils, den die christlichen Gemeinden im Geist Jesu entwickelt haben. In der Gastfreundschaft, im Teilen von Freude und Hoffnung, Trauer und Leid dieses Lebens, hielten die Jüngerinnen und Jünger Rast auf dem Weg.

Eine sich am Willen Gottes erneuernde Kirche wäre demnach immer auch eine gastfreundliche Kirche: Offen, katholisch, niemanden ausschließend, gastfreundlich für die auf so viele Weise Entwurzelten und Heimatlosen unserer Tage, solidarisch mit ihnen. Sie mögen manchmal unbequem sein, diese Fremden. Sie stellen uns in Frage und stören uns auf. Vielleicht aber bringen sie uns eine überraschende Erfahrung: Die nämlich, dass uns auch heute im Fremden und Anderen der Gott begegnen kann, der uns in unserem Unterwegssein, dem Fragen und Suchen, immer schon nahe ist und der uns alle ruft, ihm entgegenzugehen, damit wir Wohnung und Heimat finden bei ihm.

Die Auferweckung des Lazarus

„Ich bin Stadtpfarrer Stefan Buß aus Fulda!"

Vincent van Gogh, der niederländische Maler (1853–1890), griff in schweren Zeiten seines Lebens oft Bilder anderer Künstler auf und malte sich selbst hinein. Sehr oft waren es Bilder mit biblischen Themen. So nahm er zum Beispiel das Bild „Die Auferweckung des Lazarus" von Rembrandt (1606–1669) auf. In das Gesicht des Lazarus malte er sein eigenes Gesicht. Jesus lässt er im Bild nicht erscheinen, sondern symbolisiert ihn in einer großen goldenen Sonne. Das Licht leuchtet über den Tod hinaus. Er macht auch das Hier und Jetzt hell. Jesus ruft jeden von uns beim Namen. Er ruft auch: „Stefan, komm heraus!" Aus dem Grab, aus der Höhle deiner Angst, aus allem, was dich gefangen nimmt. Wo wir am Ende sind, ist Gott noch lange nicht am Ende. Ist das nicht eine zuversichtliche Botschaft für jede Situation unseres Lebens?

Die Gebote

„Ich bin Stadtpfarrer Stefan Buß aus Fulda!"

Die Gebote – ein Wort, das heute in keinem allzu hohen Kurs steht. Gehört es eigentlich noch zu einer zeitgemäßen Verkündigung des Evangeliums? Ist nicht zu oft das Christentum zu einer Gebots- und Leistungsmoral verkommen? Lauert dahinter nicht die Vorstellung eines „Zeigefingergottes", der meine Freiheit knebelt und auf Gehorsam pocht, wenn ich denn in den Himmel kommen möchte? Ist das Sprechen von Geboten nicht sowieso gesetzhaft-alttestamentlich und war es nicht Jesus selbst, der diesen ganzen Gebotswirrwarr überwunden und alles auf ein einziges Gebot zurückgeführt hat, das der Liebe nämlich? Sollen wir uns ganz in diesem jesuanischen Sinne nicht lieber an Augustinus halten: „Liebe und tu, was du willst!" Doch Gegenfrage: Wissen wir denn immer so genau, was Liebe wirklich ist? Über den eigentlichen Sinn der Gebote sagt im Alten Testament das Buch Jesus Sirach kurz und trocken: „Der Mensch hat Leben und Tod vor sich; was er begehrt, wird ihm zuteil" (Sir 15,17). Dem Leben zu dienen, es zu schützen, zu ermöglichen und zu fördern, und zwar sowohl das der Mitmenschen wie das eigene – das ist der letztlich einzige Sinn von Geboten. Sie sind – recht verstanden – die Gebrauchsanweisung für ein gutes Leben und haben daher darin auch den Maßstab für ihre Berechtigung. Daher wollen die Gebote nichts anderes sein als das Licht für unser Gewissen, konkret unterscheiden zu lernen, was gut und böse im Sinne von lebensfördernd und lebensverhindernd ist. Das Gebot hat keinen anderen Sinn als mir zu zeigen, was Liebe wirklich ist, mich in der Liebe zu halten oder mich wieder dahin zurückzuführen, sollte ich mich von ihr entfernt haben. Die Liebe zu leben, sowohl die zu Gott wie auch die zum Mitmenschen, erfüllt unser Leben, ist unser eigentlicher Lebenssinn. Dazu aber wollen uns die Gebote verhelfen.

„Gebt ihr ihnen zu essen!" (Mt. 14,16b)

„Ich bin Stadtpfarrer Stefan Buß aus Fulda!"

n der Bibel hören wir, dass viele Menschen immer wieder zu Jesus kommen. Sie haben ihre Schwierigkeiten und Nöte, sie haben ihre Krankheiten und sie suchen nach Nahrung für ihre Seele. Auch die Jünger Jesu nehmen dies wahr und sorgen sich um die Leute. Im Matthäus-Evangelium wird berichtet, dass auch Petrus sich um das leibliche Wohl sorgt. Die Menschen waren alle zusammengekommen und haben Jesus stundenlang zugehört. Petrus empfiehlt Jesus die Leute wegzuschicken, damit sie sich in den umliegenden Dörfern etwas zu essen kaufen können. Wenn das nicht hochaktuell ist. Viele Menschen unserer Tage suchen auch nach Nahrung für ihre Seele und was sagt man ihnen? Kauf dir dies oder jenes, du brauchst ein neues Auto, die besseren Klamotten. Sie machen dein Outfit erst aus. Einen besseren PC, ein noch besseres Fernsehgerät. In der Bibel ist die Empfehlung Jesu eindeutig: Schickt sie nicht weg, sie brauchen sich nichts zu kaufen, „gebt ihr ihnen zu essen!" (Mt. 14,16b). In dieser Situation machen alle die Erfahrung, das im Miteinander alle satt werden. Im Teilen und in der Begegnung entsteht Überfluss. Könnte nicht auch die Gemeinschaft der Kirche einen solchen Raum bilden, wo Menschen erfahren können: wir teilen unseren Reichtum, nicht den Reichtum an Geld, sondern den Reichtum unserer Begabungen und Fähigkeiten. Wir lassen andere daran teilhaben und machen uns so im übertragenen Sinne gegenseitig satt. Ein wunderschönes Bild für die Gemeinschaft des Glaubens. Gebt einander zu essen, gebt einander das, was ihr zum Leben braucht.

Gedanken eines Kranken

„Ich bin Stadtpfarrer Stefan Buß aus Fulda!"

ch begleite immer wieder Menschen, die im Krankenhaus sind. Die Erfahrung von Krankheit ist schon eine sehr tiefgreifende Erfahrung – und dann noch im Krankenhaus liegen müssen. Sich ergeben müssen in die Untersuchungen, die auf einen zukommen. Ein Patient formuliert seine Gedanken, aber auch sein Vertrauen im Glauben.

„Ich bin im Krankenhaus.

Ich habe ein Bett, ein Zimmer, meine Sachen sind verstaut. Schwestern, Ärzte und viele andere kümmern sich um mich.

Ich hatte mich gesträubt gegen den Gedanken, dass ich krank sein soll.

Ich hatte Angst vor dem Weg ins Krankenhaus. Jetzt bin ich da, und es wird viel für mich getan. Das erleichtert es mir, hier zu sein.

Manchmal bin ich ganz ruhig, manchmal gehen meine Gedanken wild durcheinander. Sorgen und Angst wuchern dann wie ein dorniges Gestrüpp.

Wie geht es zu Hause ohne mich?

Was kommt hier auf mich zu?

Wird alles gut gehen?

Werde ich es recht machen?

Wird man mich verstehen?

Ich kann mit Schwestern und Ärzten reden. Ich bekomme Informationen. Nicht alles ist so dornig, wie ich gedacht hatte.

Herr, ich möchte dir meine Sorgen und meine Angst sagen. Du gibst mir Hoffnung und Vertrauen."

Ich liege und schlafe und erwache, denn der Herr hält mich. *(Ps 3,6)*

Gemeinsam da durch!

„Ich bin Stadtpfarrer Stefan Buß aus Fulda!"

Eine führende Bank Deutschlands startete in der Corona-Krise eine Werbeaktion: Gemeinsam da durch! Verschiedene Bankvertreter aus verschiedenen Orten Deutschlands sagten dabei, was wichtig ist. Sie wollten mit dieser Aktion Kräfte mobilisieren. Sie wollten ermutigen: Gemeinsam schaffen wir das! Gemeinsam gehen wir da durch. Ich dachte mir, ist das nicht eigentlich auch etwas, was die Christen ausmachen sollte? Gerade auch in einer Krise. Wir schaffen das! Wir halten zusammen! Gemeinsam da durch! Gerade Christen sollten in allen schwierigen Zeiten des Lebens sich gegenseitig zurufen: Wir können es schaffen, vor allem weil wir wissen, wir gehen diesen Weg nicht allein, sondern Christen haben einen Gott an der Seite, der durch die Höhen und Tiefen des Lebens mitgeht. Ein Gott, der sich auch vor dem Leid nicht zurückgezogen hat, sondern selbst in das Leid hineingegangen ist. Er hat alles Leid gewandelt in Licht und Leben. Gemeinsam da durch! Ich glaube, es ist auch ein Weg für den Christen unserer Tage: Gemeinsam da durch, denn unser Gott geht mit!

Gott „anziehen"

„Ich bin Stadtpfarrer Stefan Buß aus Fulda!"

Am Beginn eines neuen Tages sagt mir Gott: Suche schon am Anfang deines Tages meine Nähe! Zur Übung hilft dir dabei, mich anzuziehen und mich durch den ganzen Tag hindurch zu tragen. Die meisten Menschen ziehen kurz nachdem sie aufgestanden sind ihre Kleidung an. In ähnlicher Weise bist du besser auf das vorbereitet, was dir im Laufe des Tages begegnet, wenn du mich schon ganz früh anziehst. Indem du das Gespräch mit mir suchst am Beginn des neuen Tages. Mich zu tragen ist im Grunde nichts anderes als so zu denken wie ich. Meine Gedanken zu denken. Bitte den heiligen Geist deine Gedanken zu kontrollieren und lass ihn nicht nur deine Gedanken erneuern, sondern deine ganze Person. Auf diese Weise bist du gut ausgerüstet, um dich den Menschen und Situationen zu stellen, die dir im Laufe des Tages begegnen. Wenn du deinen Verstand mit mir kleidest, ist das die beste Art und Weise, wie du dich auf jeden Tag vorbereiten kannst. Diese Übung bringt dir und den Menschen um dich herum Freude und Frieden. So wünsche ich Ihnen, dass Sie diesen Tag neu beginnen können, indem Sie Gott anziehen, der Sie dann durch diesen Tag trägt, mit allen Höhen und Tiefen.

Gott geht alle Wege mit

„Ich bin Stadtpfarrer Stefan Buß aus Fulda!"

Wenn ich in der letzten Zeit Geschichten aus der Bibel höre, fällt mir auf, dass es viele aktuelle Bezüge gibt. Die Geschichten der Bibel berichten oft von Krisensituationen. Die Menschen müssen erhebliche Einschränkungen hinnehmen und erfahren konkrete Not. Das Volk Israel z. B. ist 40 Jahre unterwegs durch die Wüste. Es muss erfahren, dass der Weg schwierig ist und es viele Entbehrungen gibt. Erst nach 40 Jahren erreichen sie das gelobte Land. In der Zeit der babylonischen Gefangenschaft lebt das Volk viele Jahre isoliert und muss die Heimat verlassen. Der Tempelkult ist nicht möglich. Im neuen Testament wird uns von den Jüngern berichtet, die nach dem Karfreitag in Angst leben und sich einschließen. Allen Situationen ist das eine gemein. In allen Krisensituationen machen die Menschen der Bibel die Erfahrung: Gott geht die Wege mit. Dies ist auch eine wichtige Botschaft für uns Menschen heute in unseren Krisen und Schwierigkeiten. In der Corona-Zeit mit all ihren Einschränkungen, in persönlichen Tiefpunkten, beim Erleben von Krankheiten dürfen wir darauf vertrauen: Gott geht alle Wege mit. Ja, Gott geht alle Wege mit. Doch gehen müssen wir sie selbst. Auch die dunklen und schweren Wege, die ohne Aussicht und Ziel, die mühsamen und die anstrengenden. Wir müssen sie gehen. Doch Gott geht alle Wege mit. Doch gehen müssen wir sie selbst. Voller Freude und Glück, gemeinsam mit anderen, spannende und neue Wege, Wege, die zum Ziel führen. Gott geht alle Wege mit. Doch gehen müssen wir sie selbst. Aber manchmal spüren wir, wie Gott uns ein Stück des Weges trägt. Sei du bei uns, Gott, auf all unseren Wegen!

Gott kommt uns entgegen!

„Ich bin Stadtpfarrer Stefan Buß aus Fulda!"

Was bedeutet es Ihnen persönlich, Christ zu sein? Was heißt es überhaupt christlich zu glauben? Was würden Sie darauf antworten? Wer Jesus Christus ist, erschließt uns die Botschaft des Glaubens im Evangelium. Das Evangelium ist dabei kein System von Lehrsätzen und Einzelbestimmungen, sodass man den Wald vor lauter Bäumen nicht mehr sieht. Nein, die Mittel des Evangeliums und des christlichen Glaubens sind eigentlich ganz simpel, ganz konkret und direkt verständlich. Was ist das für ein Evangelium? Was ist die Botschaft? Was macht die Botschaft aus? Im Kern sind drei Punkte wichtig. Erster Punkt: Ich glaube, die ganze Welt ist „gotthaltig". So wie die Goldgräber im Staub der Erde nach Goldkörnern suchen und davon ausgehen, dass die Erde goldhaltig ist, so ist die Welt im Ganzen und jeden Augenblick unseres Daseins gotthaltig. Es gibt nichts, was gottlos ist. Alles ist von Gott geschaffen und in allen Dingen kommt Gott uns entgegen. Der Heilige Vinzenz Pallotti (1795–1850, Gründer der „Vereinigung des Katholischen Apostolates") hat einmal gesagt: „Suche Gott in allen Dingen und du wirst ihn in allen finden!" Zweiter Punkt: Ich glaube, dass alle Menschen unbedingt geliebt sind und deshalb auch ich. Eines ist dabei wichtig: unbedingt geliebt, d.h. ohne Bedingungen. Ich kann mir die Liebe Gottes nicht verdienen. Sie geht all meinem Tun schon voraus. In diesem Sinne hat Vinzenz Pallotti gesagt: „Gott ist die unendliche Liebe!" Alle Menschen sind unbedingt und zweifellos geliebt und deshalb auch ich. Dritter Punkt: Jesus Christus ist als Mensch völlig unvergleichlich. Ich muss Jesus von Nazareth in seiner Einmaligkeit sehen. Ich muss für ihn eine Vorliebe haben. Ja, man könnte sagen: Alles Leben ist Beziehung. Deshalb kommt uns Gott in Jesus Christus entgegen – und daraus lässt sich leben, so wie Jesus selbst es uns vorgelebt hat.

Gott lädt uns ein!

„Ich bin Stadtpfarrer Stefan Buß aus Fulda!"

E s gibt Einladungen verschiedenster Art, die an uns herangetragen
werden. Über manche sind wir erfreut, besonders wenn sie von
guten Freunden kommen oder einen freudigen Anlass haben;
andere sehen wir als Pflicht an, wieder andere ignorieren wir
einfach, denken wir nur an die vielen „Einladungen" zu Werbe- oder
Verkaufsveranstaltungen, die uns fast täglich – angeblich an uns ganz
„persönlich" adressiert – erreichen. Auch Jesus erzählt in einem Gleichnis einmal von einer Einladung. Es handelt sich dabei um die Einladung
eines Königs zur Hochzeit seines Sohnes (Mt. 22,1-14). Diese Einladung bedeutet eine hohe Ehre für die Gäste. Was aber geschieht? Die
geladenen Gäste missachten die Einladung. Sie ignorieren sie, indem
sie anderes vorziehen. Die Arbeit auf dem Acker oder im Geschäft ist
wichtiger. Ja noch schlimmer, die im Namen des Königs einladenden
Diener werden misshandelt, ja getötet. Ein schreiendes Unrecht gegenüber einer gut gemeinten, von Wohlwollen getragenen Einladung zu
einem großen Fest! Weil der König aber unbedingt Gäste dabeihaben
möchte – denn geteilte Freude ist doppelte Freude –, ordnet er an, jeden einzuladen, den die Diener antreffen und vorfinden. Ausdrücklich
heißt es: „Sie holten alle zusammen, die sie trafen, Böse und Gute, und
der Festsaal füllte sich mit Gästen" (Mt. 22,10). Wir spüren schon, dass
jenes Gleichnis auch uns etwas zu sagen hat. Es gilt im weitesten Sinn
von unserer Einladung zur Teilnahme am Reich Gottes, die uns durch
das Geschenk der Taufe gegeben wurde. Wissen wir diese kostbare Gabe
recht zu schätzen und bemühen wir uns, in unserem Leben der Einladung zu entsprechen? Oder leben wir so, als ob es diese Einladung gar
nicht gäbe? Bedenken wir, wer uns einlädt? Sollte uns dies nicht mehr
bedeuten als alles Übrige? Das Leben in und bei Gott ist ein unverdien-
tes Geschenk, aber nur wer es auch für wert erachtet, es anzunehmen,
kann das Heil erfahren.

Gott – wie eine Sonne

„Ich bin Stadtpfarrer Stefan Buß aus Fulda!"

in Kind wurde einmal gefragt, wie es sich Gott vorstelle und sollte dies malen. Das Kind setzte sich hin und malte eine Sonne. Auf die Frage, was die Sonne bedeuten solle, erklärte das Kind: Die Sonne ist mit Gott Vater zu vergleichen. Sie ist unvorstellbar weit weg und groß. Die Sonnenstrahlen, die von ihr ausgehen, sind Jesus Christus. Er kommt zu uns Menschen und bringt die Strahlen der Liebe Gottes zu den Menschen. Die Wärme schließlich, die man auf der Haut spürt, das ist der Heilige Geist. Er ist die Wärme und Liebe, die uns antreibt und den Menschen zum Guten bewegt. Am Dreifaltigkeitssonntag feiert die Kirche den einen Gott, der sich in drei Personen zeigt. Mit vielen Vergleichen haben Menschen versucht diesen dreifaltigen Gott zu umschreiben. Vielleicht hilft uns das Bild der Sonne dem Geheimnis Gottes im eigenen Leben ein klein wenig näher zu kommen.

Hans im Glück

„Ich bin Stadtpfarrer Stefan Buß aus Fulda!"

Sie kennen sicher das Märchen „Hans im Glück". Es ist ein Grimms-Märchen, das wie üblich beginnt, mit den bekannten Worten: „Es war einmal…" Dieser Hans erhält als Lohn für sieben Jahre Arbeit einen großen Klumpen Gold. Diesen tauscht er gegen ein Pferd, das Pferd gegen eine Kuh, die Kuh gegen ein Schwein, das Schwein gegen eine Gans und die Gans gegen einen Schleifstein und einen Feldstein. Er glaubt immer ein gutes Geschäft zu machen, und schließlich fallen ihm diese beiden schweren Steine, als er trinken will, in einen Brunnen. Dann sagt er: „So glücklich, wie ich, gibt es keinen Menschen unter der Sonne. Mit leichtem Herzen und frei von aller Last ging er nun fort, bis er daheim bei seiner Mutter angekommen war." Was ist Glück? Jeder Mensch hat die Sehnsucht glücklich zu sein. Auch Jesus weiß um diese Sehnsucht und zählt auf, wer wirklich glücklich ist, wer selig ist. Momentan wundern wir uns. Selig ist, wer arm ist, wer hungert und weint. Stimmt das wirklich? Selig wer arm ist! Reichtum allein macht nicht unbedingt glücklich. Jesus spricht dann von einem Glück, das immer andauert. Er spricht vom Reich Gottes. Er erinnert an den Himmel. Gott kann uns einmal für immer glücklich machen. Gott kann uns glücklich machen, wenn wir arm sind. Wenn unser Herz leer ist, wird Gott es füllen. Daher: „Selig die arm sind vor Gott, denn ihnen gehört das Himmelreich" (Mt.5,3).

Hauskirche sein

„Ich bin Stadtpfarrer Stefan Buß aus Fulda!"

Wer hätte es je gedacht, dass einmal keine öffentlichen Gottesdienste stattfinden könnten? Vom 15.3. bis 4.5.2020 war das durch die Corona-Pandemie und den Shutdown notwendig geworden. Gab es so etwas schon mal irgendwann und irgendwo? In der Geschichte gab es einen Bericht aus dem 11. Jahrhundert. Der muslimische Herrscher Al Hakim in Ägypten (996–1021) ließ damals für neun Jahre alle Kirchen schließen. Eines Tages ging er in den Straßen der Christen spazieren. Aus jedem Haus hörte er die Christen beten und Gott loben und preisen. Da befahl er, man könne die Kirchen wieder öffnen und die Christen beten lassen. „Ich wollte in jeder Straße eine Kirche schließen und nun muss ich feststellen, dass ich neue Kirchen in jedem Haus eröffnet habe." Das war auch eine Erfahrung der Tage in der Corona-Pandemie, als die Kirchen verschlossen waren. Wenn unsere Kirchen geschlossen sind, wird ein Teil der Menschen sehr kreativ. Familien meldeten an Ostern 2020 zurück, wie sie die Ostertage in der Familie gestaltet haben. Sie berichteten, wo sie anfingen Hauskirche zu sein. Kirche in der eigenen Familie. Wie sie miteinander Gottesdienste mitgefeiert haben am Live Stream. Wie sie Kreuzwege gestalteten, auch in der Natur und zum Beispiel in der Rhön unterwegs waren. Oder wie sie die Osternachtsfeier im Garten mit eigenem Osterfeuer gestalteten. Es wurde spürbar, in jeder Krise liegt auch eine Chance. Wenn in dieser Krise auch in jeder unserer christlichen Familien eine neue Kirche entstanden ist, dann hätte diese Krise etwas Positives bewirkt. Ich wünsche Ihnen einen gesegneten Tag. Seien Sie ein Stück Hauskirche auch in Ihrem Haus, in Ihrer Wohnung, in Ihrer Familie.

Händewaschen
für ein Vaterunser

„Ich bin Stadtpfarrer Stefan Buß aus Fulda!"

Vielleicht konnten Sie auch die Übertragung des beeindruckenden Gebetes von Papst Franziskus vom Petersplatz in der Corona-Zeit miterleben. Am Ende der Übertragung gab der Kommentator einen recht interessanten Hinweis. Diesen habe er aus Südtirol bekommen. Wir waren aus hygienischen Gründen aufgefordert häufiger als sonst die Hände zu waschen. Die Südtiroler gaben dazu den Hinweis, man solle die Hände so lange waschen wie ein Vaterunser dauert. Das ist etwas, was wir nicht nur in Corona-Zeiten ganz besonders zu allen Zeiten brauchen. Das häufige Händewaschen, aber auch das häufige Gebet. Vielleicht ein kleiner Anstoß auch für Sie bei jedem Händewaschen am Tag bewusst ein Vaterunser zu sprechen. Einen gesegneten Tag für Sie alle. Gott segne Sie und bleiben Sie gesund und wenn Sie krank sind behüte Sie Gott und schenke Ihnen Heil und Heilung.

„Kranke heilen, Tote auferwecken, Aussätzige reinmachen und Dämonen austreiben!" (Mt 10,8)

„Ich bin Stadtpfarrer Stefan Buß aus Fulda!"

Über Personalmangel wird häufig gestöhnt. Auch in der Kirche. Aber das hat es wohl auch schon zur Zeit Jesu gegeben. In der Bibel wird berichtet: zu Jesus kommt eine immer größer werdende Menschenmenge. Sie brauchen Hilfe.

Und Jesus hat Mitleid mit ihnen. Aber allein schafft er das nicht. Er braucht Helfer. So sucht er zwölf Mitarbeiter und überträgt ihnen Aufgaben. Und er ruft jeden einzelnen beim Namen. Sie sollen Verkünden und Heilen und vom Himmelreich sprechen. Auch wir sind in der Taufe beim Namen gerufen und gesandt, vom Reich Gottes zu sprechen. Der Auftrag an die Jünger damals ist auch der Auftrag an die Christen heute: „Heilt Kranke, macht Aussätzige rein, weckt Tote auf und treibt Dämonen aus!" (Mt 10,8). Kann man heute einen solchen Auftrag erfüllen oder was heißt es für die heutige Zeit?

Auch heute sollen sie als beim Namen gerufene Christen Kranke heilen. Einfach für Kranke da sein und eingreifen, wo ihr Leben Unheil geworden ist. Als beim Namen gerufene Christen sollen sie Aussätzige heilen. Sich um Menschen, die vom Aussatz befallen sind, kümmern: Arbeitslose, Behinderte, Ausländer, Gestrandete oder Süchtige. Als beim Namen gerufene Christen sollen sie Tote auferwecken, die in den Gräbern der Angst gefangen sind. Und schließlich Dämonen austreiben. Die modernen Dämonen heißen Süchte, Ängste, Depressionen, Minderwertigkeitserfahrungen.

Christen dürfen an der Einladung Jesu teilhaben, das Reich Gottes zu verkünden auch heute. Sie dürfen anderen helfen wieder Sprünge zum Lebendigsein zu machen. Sie dürfen heilen mit der Medizin „Menschlichkeit" und dürfen von der Hoffnung erzählen, die andere anstecken kann.

Hl. Bonifatius – ein Aussteiger!

„Ich bin Stadtpfarrer Stefan Buß aus Fulda!"

Am 5. Juni jeden Jahres feiern wir das Fest des heiligen Bonifatius. Er wurde am 5. Juni 754 mit 52 seiner Gefährten in Dokkum, in den heutigen Niederlanden, in Friesland, ermordet und erlitt den Märtyrertod. Jahr für Jahr gedenken tausende von Pilgern beim Bonifatiusfest auf dem Domplatz in Fulda dieses großen Heiligen. Sie singen das Bonifatiuslied und werden dabei von Blaskapellen begleitet. So ziehen sie durch die Krypta des Domes am Bonifatiusgrab vorbei. Als ich 1990 Domkaplan in Fulda war, besuchte ich mit einer Gruppe von Firmlingen das Bonifatiusgrab. Als wir die Treppen hinunterstiegen, rief einer der Firmlinge aus: „Herr Kaplan, der Hl. Bonifatius ist ja ein Aussteiger!" Und wirklich, auf der Grabplatte kann man sehen, wie zwei Engel den Sargdeckel anheben und der heilige Bonifatius aus dem Sarg aussteigt. Eigentlich soll unser österlicher Glaube zum Ausdruck gebracht werden. Bonifatius ist nicht tot, sondern er lebt bei Gott. Dieser Ausruf des Firmlings machte mich nachdenklich. Eigentlich stimmt es, der heilige Bonifatius ist wirklich ein Aussteiger. Er stieg aus den normalen Regeln seines Alltags aus und ging neue Wege des Glaubens. Er vertraute in veränderten Zeiten seinem Gott. Er organisierte die Kirche in seiner Zeit ganz neu und ist damit auch für uns ein Fürsprecher und besonderer Wegbegleiter für die Kirche im dritten Jahrtausend geworden.

Oh, heiliger Bonifatius, bitte für uns!

Johannes der Täufer, 24. Juni

„Ich bin Stadtpfarrer Stefan Buß aus Fulda!"

Drei Geburtsfeste sind es insgesamt, welche die Kirche im Verlauf des Kirchenjahres liturgisch feiert: Die Geburt des Herrn an Weihnachten, dann das Geburtsfest der Muttergottes am 8. September, sowie das Fest der Geburt Johannes des Täufers am 24. Juni. Schon vor der Geburt von Johannes dem Täufer kündigt sich an, dass dieser Mann etwas Besonderes sein wird. Er ist auserwählt, schon von Mutterleib an. Gott begleitet ihn vom Mutterleib an und kennt ihn. Das gilt genauso auch für uns! Gott kennt jeden, er hat uns erschaffen, er hat uns Talente mitgegeben. Diese Talente sind jedem geschenkt, um sie auch für andere einzusetzen. Entsprechend hat auch Johannes nicht sich selbst gelehrt, sondern auf Jesus verwiesen: „Seht das Lamm Gottes" (Jo.1,29). Er hat nicht seine eigenen Worte gepredigt, sondern Gottes Worte verkündet. Es wurde vorhergesagt, dass er vor Gott groß sein wird, die Hand des Herrn wird mit ihm sein. Das ist nicht gleichzusetzen mit Reichtum, Ehre und Macht in unserer Welt. Johannes der Täufer lebte in der Wüste, ernährte sich von Heuschrecken und trug ein Gewand aus Kamelhaar (vgl. Mt. 3,4). Auf die üblichen Statussymbole eines anerkannten Lebens wie Haus, Auto und ferne Urlaubsziele muss ich eventuell verzichten. Vor den Menschen bin ich eventuell nichts wert, aber vor Gott soll mein Leben groß sein, Ihm zu gefallen, darauf kommt es an, nicht dem Nachbarn. So hat Johannes auf Jesus verwiesen, durch sein Leben deutlich gemacht, da kommt noch jemand, auf sein Kommen bereitet euch vor. Und so soll auch unser Leben auf Jesus verweisen. Wir sollen durch unser Verhalten deutlich machen, dass da nach diesem Leben noch was kommt, dass wir Christus begegnen werden.

Die Apostelfürsten
Petrus und Paulus

„Ich bin Stadtpfarrer Stefan Buß aus Fulda!"

Jesus Christus ist der Herr seiner Kirche. Sie ist nicht nur eine rein menschliche Einrichtung. Jesus und die Kirche gehören wesentlich zusammen. Jesus baut seine Kirche mit Menschen. Und er baut sie auch mit Menschen, trotz ihrer Schwächen und Fehler. Dies wird immer am Fest der Apostel Petrus und Paulus, am 29. Juni, besonders deutlich. Petrus verleugnet Jesus: „noch ehe der Hahn kräht, wirst du mich dreimal verleugnen!" (Mt. 26,34). Und am Kreuz ist er genauso verschwunden wie alle anderen Jünger. Doch genau ihn macht er zum Felsen seiner Kirche (vgl. Mt. 16,18). Und Paulus: er ist der große Verfolger der Christen. Vor Damaskus aber hat er sein Christuserlebnis (vgl. Apg.9,1-22). Aus dem Saulus wird ein Paulus. Sein Leben ändert sich und er wird zum großen Missionar der Botschaft Jesu. Auch das Verhältnis von Petrus und Paulus ist nicht immer ganz ungetrübt. Sie haben Meinungsverschiedenheiten über die Form der Verkündigung. Petrus vertritt die Meinung, das Christentum gilt allen, die aus dem Judentum kommen. Paulus dagegen wird zum großen Heidenapostel. Er trägt die Botschaft auch zu denen außerhalb des Judentums. Beide trifft das gleiche Schicksal. Sie geben ihr Leben hin und sterben in Rom den Märtyrertod. Wenn man eine Romreise macht, findet man viele Zeichen, die auf diese großen Apostelfürsten hinweisen. Im Petersdom haben beide ihre letzte Ruhe gefunden. Beide gehen unterschiedliche Wege, aber sie dienen der einen Kirche. Das macht auch uns heute Mut. Gott ruft Menschen, die trotz ihrer Fehler und Schwächen der Botschaft Gottes in der Welt dienen können. Das Apostelfest „Petrus und Paulus" ermutigt auch uns Zeugen der Frohen Botschaft Jesu zu sein.

Der Heilige Benedikt (480–547), 11. Juli

„Ich bin Stadtpfarrer Stefan Buß aus Fulda!"

Der Heilige Benedikt von Nursia wurde um 480 n. Chr. als Sohn einer freien und wohlhabenden Familie geboren und als junger Mann zum Studium nach Rom geschickt. Er brach sein Studium jedoch ab und lebte drei Jahre lang als Einsiedler in einer Höhle bei Subiaco in der Nähe von Rom. Diese Zeit der Einsamkeit ließ ihn als Mensch innerlich reifen. Doch Benedikt blieb nicht für immer in der Abgeschiedenheit, sondern sah seine Verantwortung darin, Menschen Halt und Orientierung zu geben. Er gründete um 529 die Abtei Montecassino bei Neapel in einem Apollotempel, die bis heute als Stammkloster des Benediktinerordens gilt. Mit seiner Ordensregel verfasste er eine Wegweisung, an der sich benediktinische Klostergemeinschaften weltweit bis heute orientieren. Der Grund hierfür liegt wohl an der menschlichen und geistlichen Größe Benedikts, der in allen Bereichen des Lebens stets um das rechte Maß bemüht war und für seine Mönche einen ausgewogenen Lebensstil anstrebte, der die einzelnen weder unter- noch überforderte. Am bekanntesten ist die Zusammenfassung seiner Mönchsregel in den Worten **„ora et labora - bete und arbeite"**, was den Kern seiner Weisung trifft. Es ist Benedikt wichtig, dass die Mönche zu gewissen Zeiten frei sind für die Gottesdienste und geistliche Lesung, um daraus Nahrung für den inneren Menschen zu finden. Doch er betont ebenso den Wert körperlicher Arbeit, denn, „sie sind nur dann wirklich Mönche, wenn sie von ihrer Hände Arbeit leben" (aus der Regel des Benedikt). Arbeit und Gebet sollen nach Benedikt eine Einheit bilden, damit „Gott in allem verherrlicht werde". Alles, was ich tue, vollzieht sich, wenn ich es in der rechten Haltung übe, in Gottes Gegenwart, und kann somit zum Gottesdienst werden, ob ich gerade Geschirr abtrockne oder ein Fahrrad repariere, ob ich im Gespräch mit einem Menschen bin oder gerade einen Bibeltext lese. Mein Leben, mein Alltag, jeder Augenblick, wie er gerade ist, so lehrt uns Benedikt, kann zum Gottesdienst, zum Ort der Gegenwart Gottes werden! Und dies ist bedenkenswert, nicht für die Benediktiner, sondern für jeden Christen.

Himmelfahrt

„Ich bin Stadtpfarrer Stefan Buß aus Fulda!"

Von einem Rabbi wurde erzählt, dass er jeden Morgen vor dem Frühgebet zum Himmel aufsteige. Und ein Gegner des Rabbi, ein frommer Gelehrter, lachte darüber und legte sich vor Morgengrauen auf die Lauer und sah, wie der Rabbi als Waldarbeiter verkleidet sein Haus verließ und in den Wald ging. Der Gelehrte folgte ihm heimlich. Er sah den Rabbi ein Bäumchen fällen und in Stücke hacken. Dann lud sich der Rabbi die Holzscheite auf den Rücken und schleppte sie zu einer armen, kranken und einsamen Frau. Als der Gelehrte durch das Fenster lugte, sah er, wie der Rabbi auf dem Boden kniete und den Ofen anzündete. Als die Leute später den Gelehrten fragten, was es denn nun auf sich habe mit dieser täglichen Himmelfahrt des Rabbis, antwortete er still – „er steigt noch höher als bis zum Himmel." Wir können den Himmel so ein Stück auf die Erde holen und wir begegnen dem Himmel, wenn wir hier den Nächsten im Blick haben und füreinander da sind.

„Ich habe dich beim Namen gerufen!" (Jes. 43,1)

„Ich bin Stadtpfarrer Stefan Buß aus Fulda!"

n den letzten Jahrzehnten ist ein Trend festzustellen: Wir Menschen werden bei Ämtern, Behörden, Banken oder auch in Firmen immer mehr zu Nummern, ganz zu schweigen von den PCs, Handys – und was weiß ich, was es nicht alles an elektronischen Gerätschaften gibt, für die gilt: ohne PIN-Nummer geht nichts.

Das waren noch Zeiten, als wir mit Namen statt mit Nummern angesprochen wurden. Und es gab nicht nur Namen, es gab auch Spitznamen und Kosenamen, „Huisnome" oder „Onome", wie es in den Dialekten heißt. Meistens verbergen sich hinter unseren Namen Geschichten, denn häufig machen sich Eltern Gedanken, wenn sie ihren Kindern Namen geben. Namen in der Bibel haben häufig einen tieferen Sinn. Wenn wir auf den Grund des Namens gehen, finden wir hinter „Jesus" die Bedeutung „Gott rettet", „Anna" verweist auf „die Begnadete" und hinter „Johannes" steckt „Gott ist gnädig". Aus „Simon" wurde „Kephas"; wurde „Petrus, der Fels". Um nur einige Beispiele zu nennen. Jesus stand in der Tradition seines jüdischen Volkes, er wusste, dass Namen mehr sind als Schall und Rauch, dass Namen Bedeutsames über die Person aussagen. Der Prophet Jesaja sagt: „Fürchte dich nicht, denn ich habe dich ausgelöst, ich habe dich beim Namen gerufen, du gehörst mir" (Jes. 43,1). Auch wir sind jeder und jede beim Namen gerufen, jeder und jede von uns hat seine/ihre je eigene Bestimmung. Und jeder verfügt auch über seine besonderen Begabungen und Talente. Uns hat Gott beim Namen gerufen – wir sind keine Nummern! Uns hat Gott aufgetragen, jeder und jedem an der Stelle, an der wir stehen, uns einzusetzen für das Reich Gottes.

„Ich möchte nicht nur…"

„Ich bin Stadtpfarrer Stefan Buß aus Fulda!"

in Freund ließ mir einmal über E-Mail seine Tagesgedanken zukommen, die ich veröffentlichen und somit weitergeben darf. In seinem Text heißt es: Ich möchte nicht nur immer ständig ein Auge haben für die Fehler anderer. Ich möchte mich nicht in dieser Kritiksucht der heutigen Zeit ergeben. Ich möchte nicht nur Augen haben für die Reichen und die Schönen. Ich möchte nicht nur immer ein Auge haben für die Lauten und Redebegabten. Ich möchte nicht immer nur ein Auge haben für das, was ich sehen und hören kann. Ich möchte nicht nur bei den Oberflächlichkeiten stehen bleiben, stattdessen möchte ich einen Blick haben für die guten und positiven Eigenschaften meiner Mitmenschen. Ich möchte einen Blick haben für die Leisen und Stillen und Bescheidenen, die oft durch ihre guten Taten überzeugen möchten. Ich möchte einen Blick haben für die Größe der kleinen Leute und für den Wert der Schwachen und Kranken am Rande der Gesellschaft. Ich möchte einen Blick haben für tiefere Erkenntnis und für den eigentlichen Sinn unseres Daseins hier auf Erden. Ich wünsche Ihnen, dass wir diesen Blick gewinnen. Vielleicht gelingt es jeden Tag neu ein kleines bisschen solche Werte neu in den Blick zu nehmen.

„Ihr sollt meine Zeugen sein!"

„Ich bin Stadtpfarrer Stefan Buß aus Fulda!"

in Passant wurde Zeuge eines Autounfalls. Er hat deutlich gesehen, dass das eine Auto aus der Nebenstraße herausgeschossen kam, ohne auf die Vorfahrt des Lastwagens zu achten. Er ist somit ein wichtiger Zeuge dieses Unfalls. Der Passant ist als Zeuge wichtig, damit nicht der Lastwagenfahrer beschuldigt wird, er sei unvorsichtig gefahren. Er hilft, dass Gerechtigkeit geschieht. Er kann dies, weil er Zeuge ist. Im Evangelium sagt Johannes der Täufer, dass er ein Zeuge ist (vgl. Jo.1,29-34). Johannes sagt: „Ich bin Zeuge dafür, dass der Geist Gottes auf Jesus herabkam" (Jo.1,32). Johannes ist nicht von der Polizei verhört worden. Dennoch ist er ein Zeuge. Denn Johannes behält das, was er gesehen hat, nicht für sich, sondern erzählt es den Leuten, die ihn fragen. Er bezeugt, was er selbst erfahren hat. Auch wir sollen Zeugen sein, jeder Christ. Sollen wir jetzt alle auf die Straße laufen und rufen: Jesus ist der Sohn Gottes! - nein. Das wäre wahrscheinlich albern. Wir sind nicht Johannes der Täufer. Aber dennoch können auch wir etwas von Jesus erfahren: Wir hören von Jesus und können ihm im Gebet nahe sein. Darüber darf man ruhig reden. Es gibt Situationen, in denen es wichtig ist, von Gott zu erzählen, damit andere Menschen ihn kennen lernen können. Dass ist Zeuge sein für Jesus Christus: Die Freude leben, die ich erfahre, wenn ich in meinem Herzen Jesus begegne. Diese Freude ist nicht lautes Lachen, sondern macht mein Leben schön und wertvoll. Die stille Freude, das werden andere merken, geht oft viel tiefer als das laute Lachen. Schenken wir uns gegenseitig diese Freude. Und sprechen wir ruhig auch einmal darüber, denn auch uns gilt die Aufforderung Jesu: „Ihr sollt meine Zeugen sein!" (Apg. 1,8b)

Im Schaukelstuhl sitzen

„Ich bin Stadtpfarrer Stefan Buß aus Fulda!"

Ständiges Klagen und Jammern ist wie in einem Schaukelstuhl sitzen. Du bist in Bewegung, aber kommst nicht voran. Du kreist nur noch um dich selbst. Es ist ein Jammer, dass heute so viel geklagt wird. Wer aber ständig jammert, der giert eigentlich nach Mitleid. Und dabei jammern wir oft auf hohem Niveau. Vielleicht gewinnt diese Einstellung des Menschen in Krisen jetzt auch nochmal einen neuen Blick. Lebensfrohe Menschen haben oft eine wunderbare Eigenschaft. Sie schätzen nicht nur das eigene Leben. Sie reden meistens auch positiv über andere. Sie haben einen Blick für das Gute im anderen. Genau das braucht unsere Zeit, braucht unser Leben, unser Alltag eben. Christen sollen sich deshalb vom Evangelium prägen lassen. Ich schätze Menschen, die nicht ständig nur klagen und meckern, sondern auch ein Stück aus dem Wort Gottes leben. Je mehr Gottvertrauen Menschen entwickeln, desto weniger haben sie Grund zu jammern. Umso mehr bauen sie auch einander auf, gerade in schweren Zeiten.

Ist da jemand?

„Ich bin Stadtpfarrer Stefan Buß aus Fulda!"

Ohne Ziel läufst du durch die Straßen.
Durch die Nacht, kannst wieder mal nicht schlafen.
Du stellst dir vor, dass jemand an dich denkt.
Es fühlt sich an als wärst du ganz alleine.
Auf deinem Weg liegen riesengroße Steine.
Und du weißt nicht, wohin du rennst.

Wenn der Himmel ohne Farben ist.
Schaust du nach oben und manchmal fragst du dich.

Ist da jemand, der mein Herz versteht?
Und der mit mir bis ans Ende geht?
Ist da jemand, der noch an mich glaubt?
Ist da jemand? Ist da jemand?
Der mir den Schatten von der Seele nimmt?
Und mich sicher nach Hause bringt?
Ist da jemand, der mich wirklich braucht?
Ist da jemand? Ist da jemand?

Der deutsche Popsänger Adel Tawil stellt die Frage, die wir uns in unserem Leben in schwierigen Situationen vielleicht immer einmal stellen. Ist da eigentlich jemand oder bin ich in dieser Not ganz auf mich allein gestellt? Ist da jemand, der mir Hilfe anbietet, der mich rettet? Es war auch die Frage vieler Menschen in der Corona-Krise. Ist da jemand? Wir Menschen dürfen darauf vertrauen, die Zusage des guten Gottes, der in der Bibel uns entgegen ritt, sagt uns: Ich bin da! Ich bin jemand, der für dich da ist und, der dich begleitet! Also dürfen wir mit dieser Gewissheit durch unser Leben gehen, ja, da ist jemand!

Du stehst auf mit jedem neuen Tag,
weil du weißt, dass die Stimme,
die Stimme in dir sagt:

Da ist jemand, der dein Herz versteht
und der mit dir bis ans Ende geht.
Wenn du selbst nicht mehr an dich glaubst.
Dann ist da jemand, ist da jemand! Ist da jemand,
der dir den Schatten von der Seele nimmt
und dich sicher nach Hause bringt.
Immer wenn du es am meisten brauchst,
dann ist da jemand, ist da jemand!

Da ist jemand, der dein Herz versteht
und der mit dir bis ans Ende geht.
Wenn du selbst nicht mehr an dich glaubst.
Dann ist da jemand, ist da jemand!
Der dir den Schatten von der Seele nimmt
und dich sicher nach Hause bringt.
Immer, wenn du es am meisten brauchst.
Dann ist da jemand, ist da jemand!

Dann ist da jemand, ist da jemand!
Dann ist da jemand, ist da jemand!

Lebendige Steine

„Ich bin Stadtpfarrer Stefan Buß aus Fulda!"

„Lebendige Steine", das geht doch gar nicht. Stellen Sie sich einmal vor, Steine wären lebendig und könnten sich sogar hin- und herbewegen. Da bekäme der beste Statiker schlaflose Nächte. Und dennoch, der heilige Petrus schreibt in seinem ersten Brief davon (1 Petr.2,4+5). Er spricht von den Christen als den „lebendigen Steinen". Lebendige Steine sind wichtig. In einem Gebäude trägt ein Stein den anderen und auf jeden einzelnen kommt es an. Jeder hat seine Last zu tragen und wird gleichzeitig auch vom anderen getragen und ertragen. Lebendige Steine also. Wenn wir in unseren Kirchen Gottesdienst feiern, dann sind diese Steine ein Zeichen für die innere Gemeinschaft. Wäre eine Kirche noch so schön, hätte sie noch so die beste Ausstattung, sie wäre doch tot, wenn es ihr an den lebendigen Steinen, du und ich, fehlen würde. Das wurde sehr schmerzlich spürbar in den Zeiten der nichtöffentlichen Gottesdienste der Corona-Zeit. 53 Tage ohne Gottesdienstbesucher, ohne lebendige Steine. Ganz so stimmt es nicht, es waren viele, viele lebendige Steine am Live-Stream und haben mitgefeiert und so eine virtuelle lebendige Gemeinschaft aus Steinen deutlich gemacht. In diesen Wochen sind viele neue Verbindungen und Kontakte gewachsen, für die ich sehr dankbar bin. Das hat auch Kraft gegeben. Durch viele Rückmeldungen ist mir das auch in dieser Zeit bewusst geworden, was es heißt lebendiger Stein der Kirche zu sein. Sich zu tragen, einander das Signal zu geben: Ich bin bei dir! Gemeinsam durch Krisen gehen. So feiern wir jeden Gottesdienst in dem Bewusstsein lebendige Steine der Kirche zu sein. Einer trage des anderen Last oder wie es ein Gebet sagt: Herr erwecke deine Kirche und fange bei mir an. Herr baue deine Gemeinde auf und fange bei mir an. Herr lass Frieden überall auf Erden kommen und fange bei mir an. Herr bring deine Liebe zu allen Menschen fange bei mir an.

Maria – die Knotenlöserin

„Ich bin Stadtpfarrer Stefan Buß aus Fulda!"

ch kann mich gut erinnern, es war immer ein Graus als Kind und manchmal erlebt man das ja auch als Erwachsener genauso. Man hat sich die Schuhe zugeschnürt und sie dabei manchmal so verknotet, und man kann und kann den Knoten nicht mehr öffnen. Als Kind brauchte man dann besonders eine Hilfe. Man rief nach der Mutter, dem Vater oder nach der Oma, die einem die Knoten lösen mussten. Im Monat Mai verehren wir besonders die Gottesmutter Maria. Wir verehren sie als die Gottesgebärerin und so, wie in der Natur im Mai neues Leben hervorquillt, so hat sie neues Leben hervorgebracht, indem sie „Ja" gesagt hat zum Willen des Vaters. Und so hat sie den Erlöser geboren. Es gibt ein bemerkenswertes Gnadenbild in Sankt Peter am Perlach in der Nähe von Augsburg. Dieses Gnadenbild heißt „Maria, die Knotenlöserin". Das Bild zeigt Maria, die auf einer Mondsichel steht, wie sie Knoten in einem langen weißen Band löst und zugleich mit dem Fuß auf den Kopf der Schlange tritt, dem Symbol für das Böse und für den Teufel. Maria erweist sich als die, die Knoten zu lösen weiß. Manchmal ist auch mein Leben verknotet, manchmal weiß ich nicht mehr geradeaus. Fühle ich mich in dieser Welt eingeengt und verknotet. Gerade in persönlichen Krisen wird dies erfahrbar. Wer kann dann den Knoten lösen? Maria will mir Fürsprecherin und Knotenlöserin sein, denn in all meinen Anliegen kann ich mich vertrauensvoll an die Mutter wenden. Denn sie weiß darum und wird es auch entsprechend ihrem Sohn nahebringen als unsere Fürsprecherin. Sie wird zur Vermittlerin. Vertrauen wir auf die Fürsprache der Gottesmutter und begegnen wir durch sie Christus neu in unserem Alltag.

Maria Heimsuchung

„Ich bin Stadtpfarrer Stefan Buß aus Fulda!"

Das Wort „Heimsuchung" hat nicht den besten Klang. Meist sprechen wir davon, wenn wir etwas Unschönes erleben. Außerdem hat sich die letzten Wochen und Monate aufgrund der Corona-Pandemie ein neues Wort Raum geschaffen: Kontakt- oder Besuchsverbot. Schmerzhaft mussten wir auf manche Besuche verzichten und viele fühlten sich allein gelassen.

Maria macht sich nach dem Besuch des Engels bei ihr auf den Weg zu ihrer Verwandten Elisabeth, die in vorgerücktem Alter schwanger geworden ist. Daran erinnert das Fest Maria Heimsuchung am 2. Juli (vgl. Lk. 1,39-56). Maria riskiert eine beschwerliche Anreise zu Fuß und bleibt drei Monate – das ist eine lange Zeit für gute Gespräche und sicher auch für tatkräftiges Helfen und Unter-die-Arme-Greifen. Die Begegnung geht aber sogar weiter in die Tiefe: Die beiden Kinder unter den Herzen der Mütter spüren sich: Als Elisabeth den Gruß Marias hörte, hüpfte das Kind in ihrem Leib. Auch wir dürfen Gott im Alltag immer wieder voll Freude begegnen. Er schenkt uns seine Gegenwart, vor allem dort, wo zwei oder drei in seinem Namen versammelt sind. Wenn wir Gottesdienst feiern, sein Wort hören und ihm im Sakrament des Lebens, in der Eucharistie begegnen. Wir dürfen ihm auf unserem Weg durch das Leben begegnen und zu begeisternden Boten der Frohen Botschaft werden. Gott will uns heimsuchen, nicht um uns zu verunsichern, sondern er will uns heimsuchen im Herzen und uns in seiner Liebe bewahren.

Maria Himmelfahrt

„Ich bin Stadtpfarrer Stefan Buß aus Fulda!"

„Sie haben Ihr Ziel erreicht!" Diese Ansage eines Navigationsgerätes passt zum Fest Maria Himmelfahrt, das wir am 15. August feiern. Maria hat ihr Ziel erreicht, sie ist angekommen bei Gott. Das Ziel ihres Lebens in Gottes Gegenwart mit Leib und Seele. Das ist das Ziel jeden menschlichen Lebens. Individuell und persönlich spricht Maria ihr „Ja" zu Gott und entfaltet es mehr und mehr in ihrem Leben. Die Evangelien schildern behutsam diesen Weg Marias, in dem dieses Ja zu Gott immer mehr zu ihr und ihrer Existenz gehört. Sie bewahrt es in ihrem Herzen und denkt darüber nach, lernt Stück für Stück, dass sie sich darauf ganz verlassen kann. So kann es sich vollenden und so wird Maria schon am Anfang des Lukasevangeliums von Elisabeth seliggepriesen, weil sie geglaubt hat. (Lk. 1,45) Wir feiern dieses Fest, weil wir uns hoffend dasselbe erwarten. In diesem Glauben können wir sagen, dass wir geliebte Menschen in seiner Gegenwart wissen: gerettet, ganz, heil und erfüllt. Maria Himmelfahrt ist von daher durch und durch ein österliches Fest. Und Ostern ist auch für uns wirklich.

Mein Galiläa

„Ich bin Stadtpfarrer Stefan Buß aus Fulda!"

„Er ist von den Toten auferstanden, er geht euch voraus nach Galiläa, dort werdet ihr ihn sehen!" So heißt es im Matthäus-Evangelium am Ostertag (Mt. 28,7). In Galiläa, also dort, wo die Jünger lebten. Wo alles anfing bei ihren Fischernetzen am See Genezareth (Mt. 4,18–22), also in ihrem Alltag. Dorthin gehen sie zurück und im Alltag begegnet ihnen Jesus, der Auferstandene. Die Frage stellt sich, wo ist im Moment „mein Galiläa"? Wo kann ich dem Auferstandenen in meinem Alltag begegnen? Dies kann auf unterschiedliche Weise geschehen. Ich habe mit einem Lehrer gesprochen, der dabei ist, die Schulanfänge nach dem Corona-Shutdown wieder neu zu organisieren und zu überlegen, wie wird das alles abzuwickeln sein – sein Galiläa! Ich erlebe Pflegekräfte in den Heimen und Krankenhäusern, die mit größtem Einsatz und Aufmerksamkeit arbeiten und sich um die Menschen bemühen, die ihnen anvertraut sind – ihr Galiläa! Ich erlebe Erzieherinnen, die mit pädagogischem Feingefühl Kinder ins Leben begleiten – ihr Galiläa! Jeden Tag stelle ich mir neu persönlich die Frage, was ist in der Seelsorge gefragt? Wo muss ich präsent sein, wo stellt Gott mich heute hin? Wie kann ich mit meinem Team in veränderten Zeiten die Botschaft Jesu weitertragen – wo ist mein, unser Galiläa? Jeden Tag stellt sich jedem Christen die Frage: Wo ist eigentlich mein Galiläa? Wo kann ich dem Auferstandenen begegnen in meinem Alltag? Wenn man sich auf Entdeckungsreise durch den Alltag begibt, wird Galiläa auch dir und mir begegnen.

Mein Lieblingstier – der Esel

„Ich bin Stadtpfarrer Stefan Buß aus Fulda!"

Eines meiner Lieblingstiere ist der Esel und weil das meine früheren Kolleginnen aus meiner früheren Grundschule in Freigericht Bernbach wussten, haben sie mir zum 50. Geburtstag eine Eseltour geschenkt. Es ging durch den Vogelsberg und war ein besonderes Erlebnis. Eigentlich ist der Esel ja ein wenig negativ belastet. Wenn ich zu jemandem sage: „Du bist ein Esel!", dann ist es eher eine Beleidigung. Von der Bibel her müsste man aber sagen, es ist ein Ehrenname, weil der Esel dort sehr gut wegkommt. Zunächst begegnet er uns an der Weihnachtskrippe, obwohl er nie in der Weihnachtsgeschichte irgendwo erwähnt ist. Im Buch Jesaja heißt es: „Der Ochse kennt seinen Besitzer und der Esel die Krippe seines Herrn." (Jes. 1,3). Der Esel wird zum Vorbild. Das Volk soll den Herrn erkennen, so wie Ochse und Esel ihren Besitzer erkennen. Und schließlich begegnet uns der Esel dann am Palmsonntag. „Juble laut Tochter Zion, siehe dein König kommt zu dir. Er ist demütig und reitet auf einem Esel!" (Sach.9,9/ Mt. 21,5)). Der Esel steht hier auch als ein Symbol für den Frieden. Jesus hat durch das Reiten auf einem Esel bereits ein wichtiges Zeichen gesetzt. Er kommt als Messias des Friedens nach Jerusalem. „Bindet ihn los und bringt ihn her, der Herr braucht ihn" (Lk. 19,30.31), heißt es in der heiligen Schrift. Der Esel wird losgebunden, um eine wichtige Aufgabe zu erfüllen. Nämlich um den Herrn zu tragen. Deshalb ist der Esel auch ein Bild für den Christen. Christen dürfen sich auch losbinden lassen und in einer inneren Freiheit leben. Jesus kann auch jeden Menschen gebrauchen. Er darf ihn tragen. Er darf ihn, Christus, zu den Menschen tragen.

Menas und Christus

„Ich bin Stadtpfarrer Stefan Buß aus Fulda!"

Seit meiner Diakonenweihe 1986 begleitet mich ein Bild aus dem 6. Jahrhundert n. Chr. Das Bild des Menas und Christus.

Der Überlieferung nach war Menas zunächst ein ägyptischer Soldat. Später wurde er Mönch und dann Abt des Klosters Bawit in Ägypten. Zahlreiche Legenden sind über ihn im Umlauf. Sie zeichnen ihn als Menschen, der mit seinem Christsein radikal ernst gemacht hat und für unzählige Menschen zum Vorbild geworden ist. Bei der Christenverfolgung unter Kaiser Diokletian soll er im Jahr 296 wegen seines christlichen Glaubens und seines Bekennermutes hingerichtet worden sein. Als heiliger Märtyrer wird Menas besonders in der koptischen Kirche sehr verehrt.

Die Ikone des Menas stellt zwei Männer dar, ein älterer und ein jüngerer stehen nah beieinander und schauen gemeinsam nach vorn. Die etwas größere Figur ist Christus, erkennbar am Kreuzsymbol. Er hat seinen rechten Arm liebevoll um Menas gelegt. Und seine Hand ruht auf dessen Schulter. Die Geste geht von Jesus aus. Eine Geste der Kameradschaft, der Verbundenheit, der Freundschaft. Eine Geste auch, die Kraft spendet, die ermutigt und stärkt. Es ist eher, wie wenn der große Bruder dem kleinen die Hand auf die Schulter legt, ihm den Rücken stärkt und ihm dabei Zuversicht übermittelt. Christus nennt uns im Evangelium seine Freunde (Jo. 15,15). Macht es mich froh und dankbar, zu wissen, dass Jesus mir seine Freundschaft anbietet? Freund Jesu sein: das ist meine Berufung – und mein Lebensglück. Statt des koptischen Abtes Menas könnte jeder und jede von uns auf dieser Ikone abgebildet sein. Wie er sind wir auf dem Weg, manchmal zuversichtlich, oft aber auch in Ängsten gefangen und mit Sorgen beladen; manchmal leichtfüßig, oft aber auch mühsam und beschwerlich. Jesus braucht viele Freunde und Freundinnen, die sein Wort hören und es befolgen, Menschen, die seine Botschaft weitersagen und weitertragen – wie Abt Menas.

Christus legt uns die Hand auf die Schulter

„Ich bin Stadtpfarrer Stefan Buß aus Fulda!"

Es gibt eine besondere Ikone, die mich seit vielen Jahren fasziniert und begleitet. Sie stellt den heiligen Menas, einen äthiopischen Heiligen dar. Er († 295 oder 296 oder 309) wurde vermutlich im 3. Jahrhundert n. Chr. in Ägypten geboren und hingerichtet. Die Ikone Christus und Abbas Menas ist auch bekannt unter dem Titel Jesus und sein Freund, oder Ikone der Freundschaft. Sie ist eine koptische Ikone des 8. Jahrhunderts n. Chr. Neben Menas steht Christus. Das Besondere an dieser Ikone ist es, Christus legt dem heiligen Menas die Hand auf die Schulter. Was das bedeutet, wenn mir einer die Hand auf die Schulter legt, das wissen wir sehr gut. Wir haben es da und dort selbst schon erlebt. Dem anderen die Hand auf die Schulter legen und sagen: „Du, ich mag dich. Ich steh an deiner Seite. Hab Mut, lass dich nicht hängen. Du wirst es schaffen. Du bist ja nicht allein." Auch wenn wir durch Corona angehalten sind von solchen Berührungen eher Abstand zu nehmen, so ist es doch eine wertvolle Erfahrung zu wissen, wir haben einen Gott in Jesus Christus, der uns die Hand auf die Schulter legt und der sagt: „Haltet durch, seid stark. Fühlt euch nicht allein. Ich bin bei euch auch in schweren Tagen und in Krisen!" So dürfen wir uns immer wieder gesegnet fühlen von diesem dreifaltigen Gott, der sich in diesem Jesus Christus immer wieder auch als der nahe Gott zeigt, der uns die Hand auf die Schultern legt.

Mit Gottes Augen

„Ich bin Stadtpfarrer Stefan Buß aus Fulda!"

Manchmal sind die Tage nicht immer so einfach, dann habe ich es zu meinem Gebet gemacht: Wenn die Dinge vielleicht einmal nicht so laufen wie du es gerne hättest, dann akzeptiere das, ohne zu zögern. Wenn du dem Bedauern oder der Unzufriedenheit Raum gibst, können sie leicht in negative Gefühle umschlagen. Denk also daran, der Herr ist der Herr über deine Umstände und er führt dich mit starker Hand. Freu dich über das, was er in deinem Leben tut, auch wenn es dein Verstehen übersteigt. Im Evangelium bei Johannes heißt es: „Ich bin der Weg, die Wahrheit und das Leben!" Das bedeutet: In mir hast du alles, was du brauchst, sowohl für dieses Leben als auch für das Leben, das noch kommt. Lass dich vom Druck dieser Welt nicht zermürben oder dich davon ablenken auf deinen Gott zu schauen. Deine größte Herausforderung besteht darin deine Augen auf Gott zu richten, egal, was um dich herum passiert. Und wenn deine Gedanken sich um Gott und seine Pläne für dein Leben drehen, dann kannst du die Umstände auch mit seinen Augen sehen.

Mit den Augen
des Herzens sehen!

„Ich bin Stadtpfarrer Stefan Buß aus Fulda!"

Ein Missionar, der in Südamerika wirkte, suchte lange in der Sprache des Landes, wo er wirkte, einen Begriff für „Glaube". Eines Tages kommt ein Eingeborener zu ihm und sagt: „Du erzählst uns von Jesus und sagst, er sei für uns gekreuzigt worden. Er lebe, denn er sei auferstanden. Hast du Jesus gesehen?" „Nein", antwortete der Missionar. „Bestimmt aber hat dein Vater oder dein Großvater ihn gesehen?", fragte der Einheimische. „Nein, sie haben ihn nicht gesehen". Daraufhin antwortete ihm der Einheimische: „Dann lebt Jesus gar nicht. Woher willst du dann wissen, dass Jesus lebt?" Unterdessen hat sich eine Wolke vor die Sonne geschoben. Der Missionar fragte den Einheimischen: „Siehst du die Sonne?" Der Mann schüttelte den Kopf. „Siehst du, so ist es auch mit Jesus. Die Sonne scheint, auch wenn du sie nicht siehst. Ich sehe Jesus nicht und weiß doch, das er lebt!" Der Einheimische dachte lange nach, dann sagte er: „Ich verstehe dich. Dein Auge hat Jesus nicht gesehen, aber dein Herz kennt ihn. Mit den Augen des Herzens hast du Jesus gesehen." Nun hatte der Missionar das richtige Wort für Glaube gefunden: Jesus mit dem Herzen sehen. Jesus wirkt auch in unserem Alltag. Wir können ihn oft nicht sehen, doch wenn wir mit den Augen unseres Herzens schauen, dann können wir ihn auch in den kleinen Dingen des Alltags erkennen. Öffne also dein Herz und sieh mit den Augen des Herzens, dann findest du Gott auch in deinem Leben.

Mit leichtem Gepäck (Silbermond)

„Ich bin Stadtpfarrer Stefan Buß aus Fulda!"

Urlaubszeit – Reisezeit. Was pack ich ein? Was brauche ich für den Urlaub? Für den Strand, für die Berge, fürs Hotel? Da kommt schon was zusammen. Und am Ende bringt man manches wieder ungenutzt mit zurück. War doch zu viel eingepackt. „Es reist sich besser mit leichtem Gepäck". Das gilt nicht nur, wenn man mit Zug oder Flugzeug oder auch mit dem Auto unterwegs ist: Wenn's dann eng wird in der Kabine. „Es reist sich besser mit leichtem Gepäck", das ist auch eine Liedzeile der Band Silbermond. Da heißt es: „Eines Tages fällt dir auf, dass du neunundneunzig Prozent nicht brauchst. Du nimmst all den Ballast und schmeißt ihn weg, Denn es reist sich besser mit leichtem Gepäck."

Eines Tages fällt dir auf, dass du 99 Prozent nicht brauchst.
Du nimmst all den Ballast und schmeißt ihn weg,
denn es reist sich besser mit leichtem Gepäck.

Du siehst dich um in deiner Wohnung,
siehst ein Kabinett aus Sinnlosigkeiten.
Siehst das Ergebnis von Kaufen und Kaufen,
von Dingen, von denen man denkt, man würde sie irgendwann brauchen.

Siehst so viel Klamotten, die du nie getragen hast
und die du nie tragen wirst und trotzdem bleiben sie bei dir.
Zu viel Spinnweben und zu viel Kram,
zu viel Altlast in Tupperwaren.

Und eines Tages fällt dir auf, dass du 99 Prozent davon nicht brauchst.
Du nimmst all den Ballast und schmeißt ihn weg.
denn es reist sich besser mit leichtem Gepäck, mit leichtem Gepäck.

Nicht nur dein kleiner Hofstaat aus Plastik,
auch die Armee aus Schrott und Neurosen.
Auf deiner Seele wächst immer mehr,
hängt immer öfter blutsaugend an deiner Kehle.

Wie geil die Vorstellung wär das alles loszuwerden.
Alles auf einen Haufen mit Brennpaste und Zunder.
Und es lodert und brennt so schön,
ein Feuer, in Kilometern noch zu seh'n.

Und eines Tages fällt dir auf, dass du 99 Prozent davon nicht brauchst.
Du nimmst all den Ballast und schmeißt ihn weg.
Denn es reist sich besser mit leichtem Gepäck, mit leichtem Gepäck.

Ab heut – nur noch die wichtigen Dinge.
Ab heut – nur noch die wichtigen Dinge.
Ab heut – nur noch die wichtigen Dinge.
Ab heut – nur noch leichtes Gepäck.

Denn eines Tages fällt dir auf, es ist wenig, was du wirklich brauchst.
Also nimmst du den Ballast und schmeißt ihn weg.
Denn es lebt sich besser, so viel besser, mit leichtem Gepäck.

All der Dreck von gestern, all die Narben,
all die Rechnungen, die viel zu lang offen rumlagen.
Lass sie los, wirf sie einfach weg.

Denn es reist sich besser mit leichtem Gepäck.

Da geht es nicht nur um Urlaubsreisen. Da geht es um die Lebensreise. Da geht es um Kaufen und Haben-Wollen, um Besitz und Prestige. Und am Ende ist es doch sinnlos, zerrinnt einem zwischen den Fingern. Viel zu viel. Eine alte Lebenserfahrung. „Windhauch", sagt schon die Bibel fast poetisch dazu. Da lautet die Frage: Worauf kommt es an, was zählt wirklich? Was ist das „Gepäck", die „Ausrüstung", die ich auf dem Lebensweg wirklich brauche, um voranzukommen? Und was kann getrost zurückgelassen werden? Was ist das „leichte Gepäck", mit dem es sich besser auf dem Weg des Lebens reist? Da gibt es zu viel Belastendes, das zurückbleiben kann: falscher Ehrgeiz, Neid und Missgunst, falsche Erwartungen, Verletzungen und Enttäuschungen, die wir mit uns schleppen und die uns und anderen das Leben und den Weg schwer machen. Das kann ruhig zurückbleiben. Vielleicht hilft ja die Urlaubszeit oder eine Auszeit, auch mal ein paar Gedanken auf das Kofferpacken für die Lebensreise zu verwenden. Nicht, weil schon die „letzte Reise" ansteht, sondern weil der Urlaub leichte Gedanken für leichtes Gepäck bringt. Auf der großen Reise – durch das Leben.

Momente mit Gott

---

ine junge Frau erzählte mir kürzlich, sie pendele jeden Morgen von Fulda nach Frankfurt zur Arbeit und sie sitzt dort jeden Morgen im Zug. Sie hat in ihrer Aktentasche ihren Laptop dabei und ihr Handy. Während der Fahrt arbeitet sie ein wenig, liest die Tageszeitung und hat ihr Handy immer griffbereit. Als sie einmal abends von Frankfurt zurückfuhr, war es bereits dunkel draußen. Plötzlich fiel im Zug das Licht aus. Es war stockdunkel. Jetzt musste der Zeitungsartikel warten, der Akku des Handys war leer. Was macht man jetzt? Sie erzählte mir, es kam ihr der Gedanke, vielleicht nutze ich die Dunkelheit zum Beten. Sie schloss ihre Augen, faltet ihre Hände und nahm sich Zeit für Gott – ganz bewusst: „Ich danke dir für den Tag, für die Momente mit den Menschen heute. Ich bete für die Menschen, die mit mir jeden Tag unterwegs sind, dass Gott sie alle unter seinen Segen stellen möge. Ich will hören, was du mir zu sagen hast!" Die junge Frau erklärte mir dann, es sei ein kurzer, aber tiefer Augenblick gewesen und sie wünschte sich, dass das Licht noch länger ausbleiben würde. Es war ein so schöner Moment mit Gott ganz allein. Als das Licht wieder anging, war Fulda erreicht und sie musste aussteigen. Aber sie war innerlich erfüllt von Gottes Liebe und von Dankbarkeit durch das kurze und intensive Gebet. Vielleicht werden auch uns im Alltag immer mal solche Augenblicke geschenkt.

„My life is sponsored by Jesus!"

„Ich bin Stadtpfarrer Stefan Buß aus Fulda!"

Auf dem evangelischen Kirchentag in Dresden 2011 konnte man ein T-Shirt erwerben mit der Aufschrift: „My Life is sponsored by Jesus!" Sponsoren suchen, das ist auch heute wichtig. Wichtig für jeden Verein. Und wenn man Sponsoren hat, dann trägt man diese Werbung. Die Fußballmannschaft hat ihren Sponsor auf der Brust des Trikots. Auf so manchem Fahrzeug steht der Sponsor zu lesen. Und das ist auch die Botschaft der Jünger an Pfingsten: „My Life is sponsored by Jesus!" Das Pfingstfest ist das „Sponsoring" Jesu für seine Kirche. Er hat sie mit den Gaben des Heiligen Geistes gesponsert und auch die Jünger werden zu Werbeträgern. Doch nicht nur auf der Brust, sondern sie machen Werbung mit ihrem ganzen Leben. Auch wir Menschen sind gesponsert durch den Heiligen Geist, der jedem Menschen gegeben ist. Jedem sind dadurch besondere Gaben gegeben. Jeder soll damit auch Werbeträger sein mit den ihm selbst geschenkten Gaben und etwas davon an andere weitergeben. Geisterfüllte Menschen sollen das in die Welt tragen, damit auch andere erleben dürfen: „My Life is sponsored by Jesus!"

Der Hl. Geist –
das Navigationssystem Gottes

„Ich bin Stadtpfarrer Stefan Buß aus Fulda!"

A m Pfingstmontag 2020 feierten wir in Fulda den traditionellen ökumenischen Stadtgottesdienst. In der Corona-Zeit musste man erfinderisch sein. So lud ich zusammen mit meinen evangelischen Kolleginnen zu einem Autogottesdienst auf das Messegelände Fulda-Galerie, Fulda West, ein.

Der Gottesdienst stand unter dem Thema: „Gottes Geist leitet uns!" Dabei griffen wir etwas auf, was mit dem Autofahren in Verbindung steht. Heutzutage hat jeder in seinem Fahrzeug ein Navigationssystem und dieses Navigationssystem führt und leitet mich, wenn ich selbst nicht den rechten Weg weiß. Ich gebe mein Ziel ein und eine meist sehr nette weibliche Stimme führt mich ans Ziel. Doch es liegt allein in meinem eigenen Ermessen, ob ich dem folge oder dann doch einen eigenen Weg fahre und einschlage. Der Geist Gottes ist sozusagen das Navigationssystem Gottes. Ich als Mensch muss meine eigenen Wege gehen, aber ich kann mich führen und leiten lassen durch den Heiligen Geist. Er zeigt mir den Weg, wenn ich bereit bin mich an ihm zu orientieren, von ihm mich leiten zu lassen. So führt er mich durchs Leben. Er nimmt mir nicht die Freiheit, aber er gibt mir die Möglichkeit zur Orientierung. Lassen auch wir uns leiten durch so manche schwere Zeit, aber auch durch unser ganzes Leben durch das Navigationssystem Gottes, den Heiligen Geist.

Nehmen Sie das Leben ernst!

„Ich bin Stadtpfarrer Stefan Buß aus Fulda!"

ch habe seit einigen Wochen schon eine Spruchkarte auf meinem Schreibtisch stehen. Sie fiel mir vor einiger Zeit in die Hand und ich dachte eigentlich sie aufzuheben für einen Ostergedanken. „Nimm das Leben nicht so ernst, du kommst da sowieso nicht lebend raus!" Da kann man sicher gut zustimmen, wird da jeder sagen. Ja, genau so ist es. Du lebst dein Leben, aber irgendwann ist es einfach zu Ende, vorbei. Ich denke mir, als Christen haben wir eigentlich noch eine ganz andere Erfahrungswirklichkeit. „Nimm das Leben ernst, du kommst auf alle Fälle lebend raus!" Wir haben hier eine Hoffnung auf das ewige Leben und das ist etwas, was uns gerade in jeder Lebenslage Stärkung sein soll. In diesem Sinne wünsche ich Ihnen trotz auch mancher schweren Zeit im Leben, die uns manchmal einengt, die Ängste in uns hervorruft, ich wünsche Ihnen immer wieder hoffnungsvolle Gedanken. Ich wünsche Ihnen stets die Erfahrung einer wertvollen Zeit. Einer Zeit, die fruchtbar wird im Alltag. Es gilt sich auch Zeit zu nehmen, um da zu sein für andere und Rücksicht auf andere zu nehmen. Auch das macht das Leben wertvoll. Nimm also das Leben ernst, denn du kommst lebendig und hoffnungstragend heraus.

„Netzwerk Mensch"

n der Bibel berichtet uns der Evangelist Markus von der Berufung der ersten Jünger (Mk. 1,16-20). Drei Dinge sind für Markus dabei wichtig: 1. Wie schaffe ich es Jesus so darzustellen, dass er wirkungsvoll rüberkommt? Doch nur, wenn er im angesprochenen Menschen etwas auslöst. Es löst etwas aus, sie lassen alles zurück. Er lebt das, was er sagt. 2. Wer dem Evangelium glaubt, der muss sich entscheiden. Jesus fordert etwas von denen, die er ruft. Glaube gibt es nicht zu Billigpreisen. Er will Entscheidung, aber er zwängt sich nicht auf. 3. Jesus tritt nicht mit einem großen Regierungsprogramm auf. Programm ist er mit seiner Person selbst. Sein Reden und Tun stimmen überein. Er spricht alle an, die sich ihm öffnen. Das Netz, das die Jünger am See liegen lassen (vgl. Mk. 1,18), wird zu einem Bild. Jesus ruft in eine Gemeinschaft hinein, die tragen will. In dieser Gemeinschaft des Glaubens sollen sich alle getragen wissen. Die, denen es an Orientierung und Hilfe fehlt. Die sozial Schwachen, die Flüchtlinge, Menschen in den Kriegs- und Krisengebieten der Erde, Menschen, die nach dem Sinn des Lebens fragen. Jesus will auf all diese Menschen zukommen, daher baut er sein Netzwerk in der Gemeinschaft der Kirche. „Netzwerk Mensch". Ein Fischernetz rettet nicht, sondern fängt Fische zum Tod hin, deshalb macht er sie zu Menschenfischern. Der griechische Begriff für „Fangen" bedeutet „Auffangen", „jemandem das Leben schenken". Jesus braucht Menschen, die bereit sind, alte Netze liegen zu lassen, um miteinander neue Netze zu bilden. So muss die Kirche auch heute zum Netz werden. „Netzwerk Mensch" ist auch die Botschaft von Papst Franziskus. Jesus braucht auch heute Menschen, die durch ihre Art der Zuwendung, ihre Ausstrahlung andere hineinholen in die Gemeinschaft. Die auch aus Vertrauen heraus den Sprung wagen Neues zu gestalten. Ein Text des österreichischen Studentenpfarrers Martin Gutl (1942 – 94) soll uns ermutigen:

Wir brauchen Menschen

Trotz der 7 Milliarden: viel zu wenig Menschen.
Wir brauchen Menschen, die nach der zehnten Enttäuschung
noch vertrauen können. Wir brauchen Menschen, die ein offenes Wort
riskieren, wenn anderen ein Unrecht geschieht.
Wir brauchen Menschen, die lieber hergeben
als kassieren.

Trotz der 7 Milliarden: viel zu wenig Menschen.
Wir brauchen Menschen mit etwas mehr Heroismus
und weniger Paragraphengeist.
Wir brauchen Menschen mit etwas mehr Praxis
und weniger Bequemlichkeit.
Wir brauchen Menschen mit etwas mehr Hand
und weniger Faust.

Trotz der 7 Milliarden: viel zu wenig Menschen.
Wir brauchen Menschen, deren Ja ein Ja
und deren Nein ein Nein ist. Wir brauchen Menschen,
deren Hoffnung andere trägt und zum Leben erweckt.

Wir brauchen Menschen, damit die Zukunft menschlicher wird
als die Vergangenheit.

Helfen wir mit das „Netzwerk Mensch" zu knüpfen.

Neue Botschaft mit Vollmacht

Kapharnaum heißt auf Hebräisch *„Kefar Nahum"* – das Dorf der Fischer. Es liegt am See Genezareth. Heute kann man dort Menschen antreffen aus allen Herren Länder. Man findet dort Ruinen aus der Frühzeit des Christentums, die Grundmauern des Hauses des Petrus und eine wiederaufgebaute Synagoge. Kein Mensch wüsste mehr diesen Namen, hätte sich nicht damals der Ruf eines Predigers verbreitet, der Jesus hieß. Es war für die Leute ein Tag, den sie nie vergessen haben. Für einige wurde er zu einem Ereignis, das ihr Leben veränderte. Wir dürfen uns fragen: Was ist es denn, was die Zuhörer so angesprochen, ja fasziniert hat, dass sie nach dem Gottesdienst zusammenstehen, das Bedürfnis haben sich auszutauschen und es voller Verwunderung, sogar mit leuchtenden Augen weitererzählen, den Verwandten, den Freunden und Bekannten, den Leuten auf dem Markt, den Kollegen bei der Arbeit?

Ihre Aussage in kurzen Worten zusammengefasst ist diese: *Es wird eine neue Lehre und diese mit Vollmacht verkündet.* Jesus spricht davon, wie er Gott erlebt, wie sich der Himmel über ihm auftat und er nur noch Liebe spürte. Jedes Wort schlägt ein, berührt sie im Innersten und lässt sie nicht mehr los. Es wird ihnen warm ums Herz. Jesus nimmt den Namen Gottes nicht für sich in Anspruch, um damit den Dorfbewohnern Achtung und Respekt einzuflößen. *Das Göttliche liegt in der Art, wie Jesus auftritt.* Er verbreitet eine Stimmung, in der man aufatmen kann. Eine Welt der Güte und des Verstehens breitet sich im Raum aus. Die gewohnte Härte und Gnadenlosigkeit, Hoffnungslosigkeit und Apathie schwinden. Man spürt eine unbedingte Sicherheit und Gewissheit, Überlegenheit gegenüber allem, was herkömmlich gedacht und gesagt wird, und gegen alles, was die Menschen in Angst versetzt. Wir Christen dürfen heute dieser Nachricht ein konkretes Gesicht geben.

Nichts will mir gelingen

„Ich bin Stadtpfarrer Stefan Buß aus Fulda!"

Sicher kennen Sie auch solche Tage: Es geht einfach nichts voran, obwohl ich mich mühe und anstrenge, es kommt nichts zustande. Es fehlt nicht an Einsatzbereitschaft. Trotzdem habe ich immer den Eindruck, alles geht ins Leere. Ich trete einfach auf der Stelle. Nichts will mir gelingen. Ich erlebe diese Situationen im Alltag, in der Seelsorge, in der Begegnung mit Menschen. Beim Bearbeiten von Projekten. Dann fühle ich mich einfach überfordert. Dann muss ich noch erfahren, anderen scheint es förmlich zuzufliegen. Ich meine, alle hätten sich gegen mich verschworen. Am liebsten möchte ich alles hinschmeißen. Ich möchte aufgeben, mich aus dem Staub machen. Wenn das nur so einfach wäre, ...ist es aber nicht. Benjamin Franklin (1706-90) war ein amerikanischer Verleger und Schriftsteller. Als einer der Gründerväter der Vereinigten Staaten beteiligte er sich am Entwurf der Unabhängigkeitserklärung und war einer ihrer Unterzeichner. Er wurde einmal gefragt, warum er schwierige Sachen nicht einfach aufgebe. Was er dazu gesagt hat, kann uns weiterhelfen. Franklin sagte: „Haben Sie schon einmal einen Steinmetz bei der Arbeit beobachtet?", sagte er. „Er schlägt vielleicht hundertmal auf die gleiche Stelle, ohne dass nur ein einziger kleiner Riss sichtbar ist. Aber dann, beim hundertsten Schlag, springt der Stein entzwei. Es ist jedoch nicht dieser eine Schlag, der den Erfolg bringt, sondern die hundert, die ihm vorausgingen."

Herr Jesus Christus, du hast einen wachen Blick und ein gutes Gespür, wenn Menschen deine Hilfe brauchen. Sie kommen an ihre Grenzen und werden mutlos. Oft fühlen Menschen sich auch müde und erschöpft und wollen aufgeben. Dies wird spürbar, wenn ihnen im Leben nichts gelingt. Stehe du, Gott, dann an unserer Seite. Lege den Geist der Stärke in unser Herz, damit wir in den Herausforderungen des Lebens bestehen können.

Nicht nur versprochen, auch getan

„Ich bin der Doktor Eisenbarth, …. Oh, sorry
„Ich bin Stadtpfarrer Stefan Buß aus Fulda!"

„Ich bin der Doktor Eisenbarth, Widewidewid, bumbum. Kurier die Leut nach meiner Art, Widewidewid bumbum. Kann machen, dass die Blinden geh´n und dass die Lahmen wieder seh`n. Gloria, Viktoria, Widewidewid, juch-hei-ras-sa!"

Sicher kennen Sie diese Zeilen. Sie stammen aus dem Lied über den legendären Doktor Eisenbarth, der als großer Scharlatan durch die Lande zog und den Menschen dabei das Geld aus der Tasche holte. Aber das ist ja gerade das Faszinierende an diesem Doktor Eisenbarth: Er wird berühmt dadurch, dass er Menschen dort behandelt, wo ihnen gar nichts fehlt, und er macht sein Geld dadurch, dass er sich für Erfolge bezahlen lässt, die bei Licht betrachtet überhaupt keine sind. Um Lahmen das Sehen zu lehren, dafür braucht man keinen Wunderdoktor. Aber komischerweise fallen die Menschen auf solche Scharlatane immer wieder herein. Da verspricht jemand etwas und weist vermeintliche Erfolge vor, die eigentlich gar keine sind. Mit solchen Methoden kann man sogar Wahlen gewinnen. Mehr als häufig sogar geht Politik mit den Menschen genau so um wie dieser Doktor Eisenbarth. Man tritt an mit großen Versprechungen, müht sich mit ungeheurem Getöse und produziert ein Ergebnis, das als großartige Leistung verkauft wird und am Ende bleibt nichts anderes als heiße Luft. Und nicht nur die Politik! Auch Kirche muss sich daran messen lassen. Ob Kirche wirklich im Sinne des Evangeliums handelt, erweist sich letztlich daran, ob sie dem Wohl der Menschen dient. Ob Kirche die Fragen der Menschen ernst nimmt, ihre Sorgen versteht, die Menschen wirklich versteht, und ob sie dem Vorbild Jesu entsprechend den Menschen in den Mittelpunkt stellt. Wie wohltuend muss das gewesen sein, diesen Jesus von Nazareth zu erleben, einen, der nicht vom Blauen im Himmel sprach, sondern davon, was die Menschen wirklich bewegte. Und der nicht nur redete, sondern auch tat! Daran sollten auch wir Menschen uns halten, an die Hoffnung, nein, an die Verheißung, dass auch ich über diesen Jesus am Ende sagen darf: Er hat gemacht, dass ich mein Leben leben konnte, er hat nicht nur versprochen, er hat wirklich alles gut gemacht! Und das habe ich durch gute Christen heute erfahren.

Ostern – Fest der Auferstehung

„Ich bin Stadtpfarrer Stefan Buß aus Fulda!"

Kaum ist der Ostermontag rum, sagen viele schon: „Ein gesegnetes Osterfest gehabt zu haben!" Aber nein, es geht noch weiter. Wir sind dann noch mitten in Ostern. Die Kirche feiert eine Woche hindurch in der Osteroktav das Osterfest und darüber hinaus 50 Tage lang bis Pfingsten. Und wenn am Ende der Passionszeit, die wir hinter uns gelassen haben, wirklich die Auferstehung steht, wenn nach Verrat, Leid und Tod tatsächlich ein neues Licht jegliche Finsternis vertreibt. Wenn alle alten überholten Herrschaftsstrukturen überwunden sind. Und die Liebe zur obersten Handlungsmaxime erhoben ist, dann gibt es kein Zurück und nichts gilt mehr wie vorher. Dann findet auch heute Auferstehung statt mitten in deinem und meinem Leben. Mitten in unseren Herzen. Wenn mit Ostern ein Neuanfang steht, auch wenn es immer wieder auch Unsicherheit, Angst und Krankheit gibt. Dann findet auch heute Wandlung statt, Auferstehung in deinem und meinem Leben. Und das kann man nicht nur in zwei Feiertagen feiern, auch nicht nur in 50 Tagen. Das muss sich durch das ganze Leben ziehen.

Offene Türen der Kirche

„Ich bin Stadtpfarrer Stefan Buß aus Fulda!"

W as mir in den Wochen des Shutdowns zur Corona-Zeit vollkommen widerstrebte, war es, dass wir jahrelang in der Innenstadtpfarrei in Fulda propagiert haben: „Unser Portal ist immer offen!" In den Corona-Zeiten mussten wir sieben Wochen die Türen verschließen, wenn ein Gottesdienst begann (15.3.–4.5.2020). Und selbst als es wieder öffentliche Gottesdienste gab, konnte man einen Teil hereinlassen und musste dann sagen: Besetzt, Tür verschlossen. Die Abstandsregeln machten dies erforderlich – klar! Das offene Portal der Stadtpfarrkirche ist aber eigentlich ein Symbol für den Ansatz unserer „Pastoral der Offenheit". Papst Franziskus sagt: „Es gibt Gegenden auf dieser Welt, in denen die Türen nicht abgeschlossen werden, aber es gibt auch viele Gegenden, in denen Sicherheitstüren normal geworden sind. Wir dürfen uns nicht mit dem Gedanken abfinden dieses System auf alle Bereiche unseres Lebens anzuwenden. Auf das Leben der Familie, der Städte und Gesellschaften. Vor allem nicht auf das Leben der Kirche. Die Tür soll schützen, gewiss, aber sie darf nicht abweisend sein. Vielmehr auch umgekehrt, darf man eine Tür auch nicht einrennen, man muss um Einlass bitten. Die Gastfreundschaft glänzt nämlich in der freien Aufnahme. Man muss die Tür häufig aufmachen, um nachzuschauen, ob draußen vielleicht jemand steht, dem vielleicht der Mut oder sogar die Kraft fehlt anzuklopfen. Wie viele Menschen haben das Vertrauen verloren, haben nicht den Mut an die Tür unseres christlichen Herzens, an die Türen unserer Kirchen zu klopfen. In Wahrheit wissen wir, dass wir selbst die Hüter und Diener der Tür Gottes sind. Und wie heißt diese Tür Gottes? Jesus ist die Tür. Er sagt dies von sich selbst im Johannes-Evangelium (Jo 10,7). Denn der Schafstall Gottes ist ein Zufluchtsort und kein Gefängnis. Das Haus Gottes ist ein Zufluchtsort und wenn die Tür verschlossen ist, müssen wir nur sagen: „Herr lass uns ein!" Die Kirche ist die Türhüterin eines Gottes, der niemandem die Tür vor der Nase zuschlägt mit der Begründung, er gehöre nicht in dieses Haus

(aus: Aufbruch für die Seele, Der Kalender für die Fasten- und Osterzeit, 2020, Vivat, St. Benno Verlag). Ich hoffe, die Türen unserer Kirchen bleiben weit offen und vor allem die Türen der Herzen der Menschen.

Herr Jesus Christus, du bist die Tür zu einem Leben in Fülle. Du bist auch dann bei uns, wenn alle Türen wie verschlossen erscheinen, wenn wir zweifeln und wenn es uns schwerfällt, an deine Liebe zu glauben. Du öffnest uns Türen zum Leben, und du öffnest dich für uns. Lass uns Türöffner für andere sein und sende uns Menschen, die auch uns immer wieder neue Türen öffnen.

Perlen in der Tasche

„Ich bin Stadtpfarrer Stefan Buß aus Fulda!"

Es wird von einer alten Frau in Russland eine besondere Angewohnheit erzählt. Sie verließ nie das Haus, ohne eine Handvoll kleiner Glasperlen in ihre rechte Jackentasche einzustecken für jede Kleinigkeit, die sie tagsüber erlebte, zum Beispiel für einen fröhlichen Schwatz auf der Straße, das köstliche Brot, dass sie im Bäckerladen gekauft hatte. Einen Moment der Stille beim Besuch der Stadtpfarrkirche. Das Lachen eines Menschen aus dem Nachbarbalkon. Eine Tasse Tee, die sie bei Sonnenschein auf dem Balkon trinken konnte. Oder, oder, oder, ... für all diese kleinen Geschenke des Tages ließ sie eine Perle von der rechten Jackentasche in die linke Tasche wandern. Manchmal waren es auch gleich zwei oder drei. Und abends saß sie dann zu Hause und zählte die Perlen aus der linken Jackentasche. Sie feierte diese Minuten und sie führte sich vor Augen, wieviel Schönes sie an diesem Tag erlebt hatte und freute sich darüber. Und sogar an einem Abend, an dem sie bloß eine Perle zählte, war ihr Tag gelungen. Es hatte sich gelohnt zu leben. Stecken Sie doch heute auch einfach ein paar Perlen in die Tasche. Und bei jedem schönen Ereignis lassen Sie eine von der rechten Seite auf die linke Seite wandern. Ich wäre gespannt, wie Ihre Perlenlese heute Abend wohl ausfällt.

Der ökologische Fußabdruck

„Ich bin Stadtpfarrer Stefan Buß aus Fulda!"

Wir leben auf „großem Fuß". Unser ökologischer Fußabdruck, also unser Ressourcenverbrauch und somit unser Einfluss auf die Umwelt ist wesentlich größer als der unserer Vorfahren. Nun ist Konsumverzicht eine uralte Praxis der Christen, zum Beispiel am Freitag oder in der Fastenzeit. Ordensleute legen das Armutsgelübde ab. Sie üben freiwilligen Verzicht aus Liebe zu Gott. Wenn wir glauben, dass Gott durch Zeitenstimmen spricht, dann ist heute die Bewahrung der Schöpfung eine mächtige Zeitenstimme. Verzicht aus ökologischer Notwendigkeit und Verzicht aus Liebe zu Gott geht gut zusammen. Wir dürfen alles, was wir haben, als ein Geschenk Gottes sehen. Danken wir ihm dafür? Seine Gaben sind mehr als bloße Gebrauchsgegenstände. Sie sind sein Liebesgruß an uns. Alles Geschöpfliche wird durchsichtig, transparent auf den liebenden Gott hin. Durch seine Geschöpfe – und nicht an ihnen vorbei! – zieht er uns an sein Herz.

In der Umweltdebatte tauchen viele ursprünglich religiöse Begriffe, Formulierungen und Bilder auf. Klima-Aktivisten sind wie eine Gemeinde. Sie folgen einer jungen Frau (Greta Thunberg, Umweltaktivistin aus Schweden) und treffen sich freitags zu ihrem Ritual. Die Apokalypse, der Weltuntergang wird beschworen, falls die Menschen nicht umkehren und ihren Lebensstil radikal ändern. Es ist eine Kunst, die Dinge richtig zu gebrauchen. Es gibt so viele neue Ideen, Tipps und innovative Techniken, wie man achtsam Gottes Gaben gebrauchen und genießen kann. Tun wir es mit einer großen inneren Freiheit!

Wir müssen lernen, auf Dinge sinnvoll zu verzichten, zunächst auf Überflüssiges. Verzicht darf auch weh tun. Er wirkt nachhaltig, wenn er einem sozialen Zweck dient, Beziehung stärkt oder die Umwelt schont.

Pater Jonas am See Genezareth

„Ich bin Stadtpfarrer Stefan Buß aus Fulda!"

Oft sind meine Gedanken ganz besonders bei den Menschen im Heiligen Land, in Israel, dort wo Jesus gelebt und gewirkt hat. Eine besondere Verbundenheit gibt es mit dem See Genezareth und Pater Jonas Trageser. Er stammt aus meiner früheren Gemeinde Sankt Bartholomäus in Freigericht-Bernbach und wirkt seit vielen Jahren als Benediktiner im Heiligen Land. Auf all meinen Heiliglandreisen besuche ich ihn dort, auch mit den Reisegruppen, mit denen ich unterwegs bin. In Gesprächen mit Pater Jonas kann man sehr viele Eindrücke über das Leben der Menschen und über die Situation des Landes erfahren. Politisch und religiös bekommt man viele Eindrücke. Während der Corona-Krise schrieb er mir eine Mail: „Herzliche Grüße und gute Wünsche aus Tabgha. Es ist trostlos bei uns, wenn die Menschen fehlen, die Begegnungen, das Lachen und der Frohsinn. Doch wir genießen jetzt allein diesen weiten Platz und diese wunderschöne Anlage, die viele kennen. Aber mit mehreren genießen ist einfach schöner und belebender. Ich hoffe, euch geht es allen gut und ihr seid gesund und munter bei allem, was jetzt schwerfällt ansonst. Euer Pater Jonas." Bleiben wir stets auch in Verbundenheit mit den Menschen im Heiligen Land. Man sagt gern, die Landschaft in Galiläa zu erleben, um den See herum, ist das fünfte Evangelium, das einem die Botschaften Jesu auch noch einmal auf ganz besondere Weise aufschließt. Wenn ich ein Evangelium höre mit einer Ortsangabe, dann macht es bei mir immer „Klick" und ich habe vor meinem geistigen Auge Eindrücke dieses Ortes, den ich schon erlebt habe. Denken wir vielleicht beim nächsten Evangelium auch an die Menschen, die heute dort leben, die auch mit den Auswirkungen des Jahrzehnte langen brüchigen Friedens zu kämpfen haben. Von hier grüßen wir besonders gern Pater Jonas und wünschen ihm und den Menschen am See Genezareth Gottes Segen.

Pfingsten –
Geburtstag der Kirche

„Ich bin Stadtpfarrer Stefan Buß aus Fulda!"

Herzlichen Glückwunsch zum Geburtstag! Sie wundern sich über den Glückwunsch? Vielleicht hat der eine oder andere wirklich Geburtstag. Ja wirklich, alle, die sich als Christen fühlen, können am Pfingstfest jeden Jahres Geburtstag feiern. Pfingsten ist das Geburtsfest der Kirche. Der Heilige Geist kommt auf die Jünger herab und er entwickelt eine Dynamik in ihnen, die sie dazu antreibt aufzubrechen und das Wort Gottes zu verkünden. In der Apostelgeschichte können wir lesen, wie sich das Wort Gottes ausbreitet und die Kirche wächst und Gemeinschaft wird. Auf dieser Grundlage und auf diesem Fundament sind auch wir heute Kirche und dürfen das weitertragen, was Jesus gelebt hat und was er durch seinen Geist auch den Menschen heute anvertraut hat. Dieser Geist will durch uns und in uns wirken. Er bewirkt das Gute. Jeder Mensch, der sich diesem Wirken des Geistes öffnet, der trägt dazu bei, dass die Gemeinschaft des Glaubens wächst und alle zu glaubwürdigen Zeugen werden. Also lassen Sie sich als Christen jedes Pfingsten sagen: Herzlichen Glückwunsch zum Geburtstag! Lass es dir als Christ auch gesagt sein und denke daran: der Geist will auch dich ergreifen und will in dir und durch dich in diese Welt hineinwirken.

Ein Rezept für eine
gute Freundschaft

„Ich bin Stadtpfarrer Stefan Buß aus Fulda!"

ch muss ganz ehrlich sagen, kochen ist nicht unbedingt meine Leidenschaft und Stärke. Dafür esse ich aber umso lieber und genieße gern etwas Leckeres auf dem Teller. Gut ist es aber immer wieder, ein gutes Rezept im Leben zur Hand zu haben. So gibt es ein Rezept für eine gute und ehrliche Freundschaft. Und wie heißt es immer so schön: „Man nehme!" Man nehme eine große Portion Liebe, dazu einen ordentlichen Schuss Hilfsbereitschaft und vermenge sie mit Vertrauen. Dazu gibst du noch eine kleine Prise Herzlichkeit, und mixe dies mit Respekt und Ehrlichkeit. Aber vergiss dabei nicht eine kleine Prise Humor dazuzugeben, um so auch schlechte Zeiten zu verdauen. Mische ein gehöriges Maß an Vergebung hinein. Dann gieße über alles ein nettes Lächeln und bedecke es mit Freundlichkeit und auch ein bisschen Nachsicht. Achte darauf, dass du die fertige Freundschaft nicht auskühlen lässt, denn sonst wird sie ungenießbar. Halte die Freundschaft warm, und sei es nur auf kleiner Flamme. Bei Bedarf füge noch die passende Menge an Verzeihen dazu. Ich wünsche jedem, dass dieses Rezept in seinem Leben Anwendung findet. Dann kann eine Freundschaft in deinem und meinem Leben gelingen.

Der Pilgerweg nach Santiago de Compostela

„Ich bin Stadtpfarrer Stefan Buß aus Fulda!"

„Ich bin dann mal weg!", so lautet der Titel des Buches von Hape Kerkeling, das vor einigen Jahren (2006) so groß Furore gemacht hat. Nicht erst seit Kerkeling hat mich ganz persönlich der Jakobusweg fasziniert. Mit sieben anderen Freunden war ich in Etappen 2005 – 09 unterwegs. Es bewegt mich immer wieder auf dem Weg zu sein. Es macht etwas mit mir, weil sich in diesem Weg etwas widerspiegelt von meinem Lebensweg. Der Jakobusweg führt nach Santiago de Compostela in Galizien im äußersten Nordwesten von Spanien. Er ist eigentlich ein ganzes Wege-System. Es durchqueren verschiedenste Wege ganz Europa nach Spanien. In Spanien führt ein Hauptweg, der Camino francés, von den Pyrenäen bis nach Santiago de Compostela, wo man das Grab des Apostel Jakobus verehrt. Das Pilgern oder „auf dem Weg sein" ist aber auch ein urbiblisches Motiv und findet sich in der gesamten Heiligen Schrift wieder. Das Israelitische Volk war auf dem Weg zum verheißenen, gelobten Land. So folgte Abraham der Weisung Gottes dorthin. Im Neuen Testament setzt sich das „auf dem Weg sein-Motiv" fort. Maria und Josef sind auf der Wanderung, als Jesus in Bethlehem geboren wird. Er selbst verkündete durch Israel wandernd seine Frohbotschaft und sein Reich, die Apostel gehen mit ihm, nach seinem Tod ziehen sie in die weite Welt hinaus. Auf dem Jakobsweg habe ich viel über mich, aber auch über Gott und die Welt erfahren, erlebt und gelernt. Unser ganzes Leben ist ein Entwicklungsweg mit verschiedenen Phasen und entsprechenden Anforderungen und Aufgaben, die es zu bewältigen gilt. In jedem Aufbruch steckt ein Neuanfang. Wer aufbricht, möchte unbewusst oder bewusst etwas in seinem Leben verändern. Aufbrechen heißt immer auch Abschiednehmen und Loslassen vom Alten. Man muss Sicherheiten aufgeben und Vergangenes loslassen können. Viele Pilger berichten nach ihrer Heimkehr, dass sie der Camino wesentlich verändert habe. Es gibt für sie eine Zeit vor und die Zeit nach dem

Weg. Worin dieses neue Leben besteht, ist sehr individuell. Vielleicht bin ich selbst dankbarer geworden und kann mit mehr innerer Zuversicht meinen Lebensweg bejahen. „Die Seele bleibt zurück", sagen die Spanier, wenn der Jakobuspilger wieder heimkehrt. Sie haben Recht. Ich bin durch den Jakobusweg kein besserer Mensch geworden, aber ich bin auch nicht mehr derselbe wie vorher. Ich bin mir und Gott ein Stück nähergekommen. Das ist alles, und dennoch viel.

Profil zeigen

„Ich bin Stadtpfarrer Stefan Buß aus Fulda!"

Vor einigen Wochen habe ich meine Reifen wechseln lassen. Winterreifen runter, die Sommerreifen drauf. Der Monteur rief mich in die Werkstatt und zeigte mir die beiden Vorderräder. Sie waren abgefahren. Er machte den Profiltest. Das Profil war zu gering. Es waren zwei neue Reifen angesagt. Dieses Bild des Reifens mit seinem Profil, das Sicherheit gibt und Halt und Festigkeit. Mit einem guten Profil komme ich auch gut voran und liege sicher auf der Straße. Dieses Bild hat mich inspiriert und mich nachdenklich gemacht. Geht es nicht auch in unserem Christsein immer darum Profil zu zeigen? Braucht es nicht gerade in unseren Tagen dieses geschärfte Profil? Was ist das christliche Profil? Am sechsten Ostersonntag in den Lesungen des Gottesdienstes hieß es in den Texten des ersten Petrusbriefes: Wenn ihr gefragt werdet, dann gebt Antwort und erzählt von eurer Hoffnung, die euch trägt (vgl. 1 Petr 3,15). Im Evangelium bei Johannes hieß es an diesem Sonntag: „Wer meine Gebote hält und mich liebt", der kommt im Leben voran (vgl. Jo 14,15). Also Profil zeigen heißt, da wo ich heute gefragt werde und angefragt bin als Christ Zeugnis zu geben. Und wenn ich in der Liebe lebe und aus der Liebe heraus handle, dann zeige ich Profil. Profil eines Christen in unserer Zeit.

„Ruach" – die Geistin

n der St. Jakobuskirche im oberbayerischen Urschalling im Chiemgau gibt es ein interessantes Dreifaltigkeitsfresko. Dieses Fresko stammt aus dem 14. Jahrhundert und stellt den trinitarischen (dreifaltigen) Gott in drei Personen auch figürlich da. Klar zu erkennen: Gott Vater auf der rechten Seite, links der Sohn und in der Mitte eine weibliche Gestalt. Sie stellt den Heiligen Geist dar. Eine ungewöhnliche Darstellung und dennoch, wenn wir das Alte Testament befragen, findet sich dort der Geist oder die Geistin in dem Wort „Ruach". Eine weibliche Form. Der Geist Gottes treibt Menschen an. Er ist in allen Bewegungsvarianten von Wind, von Lebensatem, auch von göttlicher Schöpfungskraft und im Alten Testament daher immer weiblich. Diese Kraft macht lebendig und bringt Schwung. Immer wenn es um lebensfördernde und schöpferische Zusammenhänge geht, steht dieses „ruach" in weiblicher Form. Gottes „ruach" ermöglicht Erkenntnis, Verstehen, eine neue Gottesbeziehung und damit neue Zukunft. Auch wir sollten uns diesem Geist, dieser weiblichen Kraft im Göttlichen immer wieder öffnen. Gottes Geist. Atem, der die Welt durchweht. Urkraft, die Leben schafft und erhält. Feuer, das entflammt, entzündet und glüht. Sturm, der bewegt, der vorantreibt. Weisheit, die uns drängt, die Welt zu gestalten.

STOP! – Halt inne!

„Ich bin Stadtpfarrer Stefan Buß aus Fulda!"

ch wünsche Ihnen einen guten und gesegneten Tag. Stopp! Wir alle kennen ein Stoppschild aus dem Straßenverkehr. Es will uns zum Anhalten zwingen. Aber es heißt nicht, aus und vorbei, hier geht es nicht mehr weiter, sondern es zwingt mich bewusst anzuhalten. Ich muss nach links und rechts schauen und kann dann bewusst die Fahrt fortsetzen. In den Tagen des „Shutdown" während der Corona-Krise ist uns auch sehr deutlich „Stopp" gesagt worden. Die Menschen hatten Ausgehverbote. Man durfte einander nur ganz gering und weit entfernt begegnen. Aber das Ganze sollte den Menschen nicht drangsalieren und einengen, sondern es waren Entscheidungen, ein „Stopp!", ganz bewusst im Sinne auch im Blick auf die Menschen um uns herum. „Stopp! – Halt inne!" wird uns auch immer wieder in der Fastenzeit in der Hinordnung auf Ostern hin gesagt. Aber auch dieses „Stopp!" sagt uns nicht „aus und vorbei, hier geht es nicht mehr weiter." Wir werden vielmehr aufgefordert neu über unser Leben nachzudenken. Innezuhalten, sich selbst und den Nächsten neu wahrzunehmen. Das Leben und den Alltag neu auf Gott hin auszurichten. So gewinnen wir einen neuen Blick für unser Leben und gelangen durch IHN auf Wege des Lebens.

„Schaut hin!"

„Ich bin Stadtpfarrer Stefan Buß aus Fulda!"

„Schaut hin!" (Mk 6,38) – so lautet das Leitwort des 3. Ökumenischen Kirchentages, der vom 12.-16. Mai 2021 in Frankfurt am Main stattfinden wird. Das Predigtwort des Kirchentages ist aus dem Psalm 119: „Öffne mir die Augen, dass ich sehe die Wunder an deinem Gesetz." (Ps 119,18). Das Gesetz Gottes wird im Alten Testament als Weisung bezeichnet. In dieser Weisung ist alles zusammengefasst, was das Leben des Menschen ausmacht. Und mittendrin ist Gott und bleibt Gott. Der Mensch ist Gottes Liebling. Nur einmal – so beschreibt es das Alte Testament – hat Gott die Sintflut geschickt, voller Verzweiflung und Zorn über den Menschen – und danach hat Gott es bereut. Das Wunder ist, dass in den menschlichen Geschichten immer wieder Energien frei werden für Neues, für Unbekanntes. Energie auch für liebendes Sorgen. Da kommt ein Freiheitsdrang auf, da wehrt man sich gegen ungerechte Behandlung, da wird ein Segen weitergegeben.... Gottes befreiende Energie steckt in Menschengeschichten, Gottes helfende Kraft und Autorität ist in den menschlichen Geschichten spürbar. Das ist das Wunder an Gottes Gesetz. Mitten in Lebensgeschichten, mitten in Politik und Gesellschaft, mitten in der Kirche und auch mitten in Zorn und Verzweiflung spüren die Menschen Gottes Energie. Gottes Kraft. Der Mensch bleibt Gottes Liebling - in einer Welt mit allen Problemen, die Menschen haben. In allen Problemen des Menschen darf er auf Gottes befreiende Kraft für neue Wege hoffen. Die Christen in unserem Land sind eingeladen, zu träumen und zu feiern und neue Wege zu gehen – beim Ökumenischen Kirchentag in Frankfurt/M, aber auch überhaupt im Leben. Möge Gott die Augen öffnen für seine Wunder!

Die Schöpfung

„Ich bin Stadtpfarrer Stefan Buß aus Fulda!"

Spaziergang während des Shutdowns.

In den Tagen und Wochen des Shutdowns bin ich fast täglich spazieren gewesen. Mir fiel auf, man konnte einmal viel bewusster um sich herum die Welt wahrnehmen. Beim Lauf durch die Stadt, beim Spaziergang durch den Schlossgarten, beim morgendlichen Aufwachen wurde mir viel bewusster, was sich in der Umgebung tat. Man hörte die Vögel viel bewusster und nahm die Stille, die herrschte, auf. Vielleicht eine positive Seite der Corona-Krise. Es war leise um uns herum geworden und damit werden andere Geräusche wieder deutlicher und bewusster wahrgenommen. Vor allem die in unserer Natur. Mit der Natur sind wir eins. Mit dieser Natur sind wir verwachsen und auf sie sind wir auch angewiesen. Vielleicht half uns diese Krise auch ein neues Bewusstsein zu bekommen und auch neu Verantwortung für die Natur und die Schöpfung zu übernehmen. Sie ist uns anvertraut von Gott.

Die Seelen müssen ankommen

„Ich bin Stadtpfarrer Stefan Buß aus Fulda!"

s wird eine Geschichte von Missionaren erzählt. Sie sind mit einheimischen Trägern durch den Urwald unterwegs und sie treiben zur Eile an, weil sie das gesteckte Ziel möglichst schnell erreichen wollen. Eines Tages machen sie mitten am Tag eine Pause. Nach der kurzen Pause wollen sie die Träger, die Einheimischen, antreiben. Sie sollen das Gepäck aufnehmen und weitergehen, doch diese verweigerten sich. Die Missionare fragten, warum sie sich verweigern. Warum sie jetzt nicht weitergehen? Einer der Einheimischen sagte zu ihnen: „Unsere Seelen müssen erst noch nachkommen!" Das ist eine Erfahrung, die wir manchmal im Leben machen müssen. Man ist in Gedanken schon dort, aber eigentlich mit dem Inneren, dem Herzen noch gar nicht nachgekommen. Es braucht dann auch die Haltepunkte in unserem Leben, die es ermöglichen auch wieder bei uns und in uns selbst anzukommen. Möge es uns an jedem neuen Tag gelingen.

Segen in den Tag

ch bin auf einen schönen Text aufmerksam gemacht worden. Er kann Ihnen vielleicht als kleiner Zuspruch in diesem neuen Tag dienen: „Lerne über dich zu lachen. Nimm dich und deine Umstände nicht so ernst. Entspann dich und denke daran, dass ich der Gott bin, der dir beisteht. Wenn dir mein Wille wichtiger ist als alles andere, dann wirst du merken, dass das Leben viel weniger bedrohlich wird. Höre auf die Dinge kontrollieren zu wollen, die in meinem Verantwortungsbereich liegen, weil du sie gar nicht kontrollieren kannst. Werde frei, indem du deine Grenzen akzeptierst. Lachen macht deine Last leichter und erhebt dein Herz zum Himmel. Dein Lachen steigt zum Himmel auf und vermischt sich mit dem Gesang der Engel. Genauso wie Eltern sich über das Lachen ihrer Kinder freuen, freue ich mich, wenn ich meine Kinder lachen höre. Ich freue mich, wenn du mir so sehr vertraust, dass du dein Leben unbeschwert genießt. Verpasse nicht die Freude meiner Gegenwart, indem du das Gewicht der Welt auf deinen Schultern tragen willst. Komm zu mir, ich will dir die Last abnehmen. Quäle dich nicht und sehe auf niemanden herab. Stell dich unter meine Leitung und lerne bei mir, dann findet dein Leben Erfüllung. Was ich tue, ist gut für dich und was ich dir zu tragen gebe, ist keine Last." Möge uns in diesem Vertrauen jeder neue Tag gelingen.

Quelle: Text einer Impulsempfängerin, die nicht genannt werden wollte

Zum Segen werden für andere!

„Ich bin Stadtpfarrer Stefan Buß aus Fulda!"

„Ich segne dich, damit du zum Segen wirst für andere!" (Gen. 12,2), so steht es schon im Alten Testament und wird es für uns verheißen. Ich erlebe es immer wieder, viele Menschen sehnen sich nach einem Segen. Das erleben wir bei unserem Segen am Valentinstag für Paare. Im Segen für Kranke oder in unserem Segensgottesdienst für werdende Väter und Mütter. Der Segen, dass mir etwas zugesprochen wird, was mir Halt gibt, was mir Geborgenheit schenkt und was mir auch durch schwere Zeiten hilft. Das ist, glaube ich, ganz besonders wichtig. Und wer sich gesegnet weiß, der kann auch selbst zum Segen werden für andere. Besonders in schweren Zeiten braucht es auch immer wieder Menschen, die bereit sind für andere da zu sein und für sie zum Segen zu werden. Ich denke an die Ärzte und Pfleger/innen in der Corona-Pandemie, die unermüdlich im Einsatz waren und sind. Ich denke an die Verkäuferinnen, die jeden Tag mit vollem Einsatz uns versorgen in den verschiedenen Geschäften. Apothekerinnen und Apotheker und viele, viele andere. Sie seien alle gesegnet in ihrem Dienst, somit werden sie auch zum Segen für andere. Jeder neue Tag stellt uns vor die Frage: Wo kannst du vielleicht heute zu einem Segen werden für andere? Es ist wert darüber nachzudenken.

Zeiten des sich Festmachens

„Ich bin Stadtpfarrer Stefan Buß aus Fulda!"

Vor vielen Jahren saß ich im Flugzeug und es fiel mir zum ersten Mal bewusst auf. Es leuchtete über den Sitzen auf: „Fasten your seat belt!" – „Legen Sie Ihre Gurte an!" Das englische Wort „fasten" ist eng verbunden mit unserem deutschen Wort „Fasten". „Fasten" bedeutet festmachen, sich befestigen, sich neu innerlich ausrichten. Die Fastenzeit jedes Jahr ist eine solche Zeit, in der wir uns innerlich neu fest machen. In Krisenzeiten bewährt es sich, wenn man sich neu festgemacht hat in Gott. Ich wünsche Ihnen, dass Sie in allen Krisen des Lebens diese Erfahrung machen dürfen, dass Sie sich in Gott festgemacht fühlen. Gott segne dich mit guten Freunden, damit du Weggefährten hast in Freud und Not. Gott segne dich mit Großzügigkeit, damit du freien Herzens teilen kannst. Gott segne dich mit Fröhlichkeit, damit du den ganzen Tag auch herzhaft lachen kannst. Gott segne dich mit großen Träumen, damit du sie verwirklichen kannst. Gott segne dich mit seiner Nähe, damit du alle Tage in seiner Hand geborgen bist.

Segnen ist Gottes große Leidenschaft

„Ich will dich segnen und du sollst ein Segen sein." (Gen 12,2)

Wenn Gott segnet, gibt er aus seiner göttlichen Lebensfülle. Es ist seine Art großzügig, ja fast verschwenderisch zu schenken. Segen ist göttliches Leben. Segen ist nur ein anderes Wort für Gnade, vielleicht leichter verständlich. Weil es Gottes Leidenschaft ist, uns Gutes zu tun, hält er Ausschau nach Menschen, die sich nach seinem Segen sehnen.

Die Geschichte Abrahams handelt davon.

„Ich will dich segnen."

Mit diesem Segenszuspruch kommt Gott dem suchenden Abraham entgegen. Abraham hört es und ist davon tief getroffen. Er bewegt dieses Wort und es nistet sich in seinem Herzen ein. Es lässt ihn nicht mehr los:

„Ich will dich segnen."

Hören wir noch auf den zweiten Teil der Verheißung: „Du sollst ein Segen sein." Oder einfach: Werde ein Segen! Ein Segen für andere sein ist eine schöne Berufung. Ein Segen sein, ein Segen werden, da geht es um unser Sein, nicht ums Tun, ums Machen. Vielleicht heißt ein Segen werden zuerst einmal weniger tun und mich daran freuen, wer ich vor Gott bin.

Ein Segen sein, das heißt, ich bin jemand, der segnet. „Segnen heißt, die Hand auf etwas legen und sagen, du gehörst trotz allem Gott."

(Dietrich Bonhoeffer)

Im Neuen Testament gibt Jesus seinen Jüngern den Auftrag, alle Menschen zu segnen. Jeder Christ darf z.B. seine Nachbarn und Freunde segnen. Jeder Vater darf seine Kinder segnen. Wenn wir mit dem Segnen ernst machen, wird sich die Atmosphäre in der Familie und in der Umgebung verändern.

Wenn wir einen Menschen segnen, stellen wir ihn in eine Beziehung zu Gott. „...du gehörst trotz allem Gott."

Wer selbst gesegnet wurde, der kann nicht anders als diesen Segen weitergeben, ja, er muss dort, wo er ist, ein Segen sein.

Lassen auch Sie sich von Gott segnen, denn Sie sollen für andere zum Segen werden.

Tempo

„Ich bin Stadtpfarrer Stefan Buß aus Fulda!"

Ein besonders eifriger Mann meditiert Tag und Nacht. Er schläft kaum und isst so gut wie nichts. Und wenn Freunde ihn besuchen, dann schickt er sie bald davon und für seine Liebste hat er kaum rechte Zeit. Schließlich begegnet er eines Tages dem Rabbi. „Mein Lieber", ruft der. „Du bist ja völlig erschöpft, nimm dir doch mal Zeit und schone dich." „Aber ich suche doch Gott", erwiderte der Mann. „Und woher weißt du", fragt der Rabbi, „dass Gott vor dir herläuft und du ihm nachrennen musst? Vielleicht ist er hinter dir und vermag dich bei deinem Tempo nicht einzuholen." Geht es uns nicht manchmal im Alltag so ähnlich? Vielleicht auch in unserer Suche auf Gott? Wir sind von allem möglichen umhergetrieben und vergessen dabei den eigentlichen Takt des Lebens. Ja, vielleicht suchen wir und meinen Gott hinterherrennen zu müssen. Vielleicht ist er aber noch hinter mir?

„Sind wir glühende Menschen?"

„Ich bin Stadtpfarrer Stefan Buß aus Fulda!"

Manchmal begegne ich Texten von Menschen, die in viel früheren Zeiten bereits gelebt haben. Wenn ich solche Texte lese, dann spüre ich, es passt eigentlich mitten in unsere Zeit. So ging es mir, als ich zuletzt Texte von Pater Alfred Delp las. Pater Delp war ein deutscher Jesuit und Mitglied des Kreisauer Kreises im Widerstand gegen den Nationalsozialismus. Er starb im KZ Plötzensee 1945. In einer Predigt zum Peter-und-Paul-Fest 1941 fragte Pater Delp völlig unerschrocken: „Kirche, bist du lebendig oder bist du am Ende? Bist du fertig oder feierst du neue Anfänge?" Er benutzt da Worte, die heute nicht weniger aktuell sind wie damals. Die Frage in unseren Zeiten ist ja hochaktuell. Ist die Kirche noch lebendig oder ist sie am Ende? Ist sie fertig oder können wir neue Anfänge feiern? Was ist Voraussetzung dafür, dass es positive Entwicklungen gibt? Pater Alfred Delp sagt oder stellt die Frage: „Sind wir noch glühende Menschen? Ist noch irgendeine Leidenschaft in unserer Seele, für die man sich selbst einsetzt oder ist alles so nüchtern und dürftig und schön geordnet, dass kein Herz mehr sich entzündet? Es braucht den glühenden Menschen, nicht den Fanatiker. Den glühenden Menschen braucht es, dem man anspürt, dass er brennt, dass er von Dingen angerührt ist, die nicht auf der Straße liegen. Kirche wird leben, wenn wir wieder vor den Herrgott hintreten, von ihm im Herzen angerührt sind und erfüllt sind vom Heiligen Geist." Ja, es braucht auch in unserer Zeit glühende Menschen, die sich auch anstecken lassen von der Botschaft Gottes. Wir können noch so viele Strukturen erneuern und synodale Prozesse in Gang bringen, wenn wir nicht selbst glühen und die Botschaft Gottes in unserer Umgebung leben und weitergeben an andere.

Spuren im Sand

„Ich bin Stadtpfarrer Stefan Buß aus Fulda!"

Eines Nachts hatte ich einen Traum. Ich bin am Meer entlang gegangen mit meinem Herrn. Vor dem dunklen Nachthimmel erstrahlten Streiflichtern gleich Bilder aus meinem Leben. Und jedes Mal sah ich zwei Fußspuren im Sand. Meine eigene und die meines Herrn. Als das letzte Bild vor meinen Augen vorübergezogen war, blickte ich zurück. Ich erschrak, als ich entdeckte, dass an vielen Stellen meines Lebensweges nur eine Spur zu sehen war, und das waren gerade die schwersten Zeiten meines Lebens. Besorgt fragte ich den Herrn: „Herr, als ich anfing dir nachzufolgen, da hast du mir versprochen auf allen Wegen bei mir zu sein. Aber jetzt entdecke ich, dass in den schwersten Zeiten meines Lebens nur eine Spur im Sand zu sehen ist. Warum hast du mich allein gelassen, als ich dich am meisten brauchte?" Da antwortete er: „Mein liebes Kind. Ich liebe dich und werde dich nie allein lassen. Erst recht nicht in Nöten und Schwierigkeiten. Dort, wo du nur eine Spur gesehen hast, da habe ich dich auf den Schultern getragen." Was für eine wunderbare Zusage. Sie gilt dir und mir jeden Tag.

Spurensuche

n dem Jahr, in dem ich mein Silbernes Priesterjubiläum feierte und gleichzeitig 50 wurde, oh Schreck, das ist auch schon wieder ewig her (2012), da war ich in einem Exerzitienkurs. Er war überschrieben mit dem Motto „Spurensuche". Ein Impuls lud mich ein an einem Morgen einmal ganz konkret zu hinterfragen, welche Menschen haben Spuren in meinem Leben hinterlassen? Wo habe ich Spuren im Leben anderer hinterlassen? Wo finde ich dabei auch Spuren Gottes? Spurensuche ist eine Möglichkeit sich auf den Weg zu machen, um diese Spuren mitten im Getriebe des täglichen Lebens zu suchen, zu erahnen und zu erfinden. Spurensuche ist auch ein Weg, auf dem wir Menschen uns begegnen und gemeinsam den Gott des Lebens entdecken können. Vielleicht gibt es im alltäglichen Einerlei mal eine halbe Stunde Zeit darüber nachzudenken. Es lohnt sich. Fragen Sie einfach mal: Welcher Mensch hat besondere Spuren bei mir hinterlassen und wo konnte ich Spuren im Leben anderer zurücklassen? Mit jedem Schritt, den du tust und in jeder Begegnung, die dir geschenkt wird, hinterlässt du Spuren. Keine deiner Entscheidungen, keines deiner Worte, keine deiner Gesten können je ungeschehen gemacht werden. So wünsche ich dir, dass du Spuren der Freude hinterlässt und des Glücks. Spuren der Hoffnung und Liebe. Spuren der Gerechtigkeit und des Friedens. Und dass du da, wo du anderen weh getan hast, Vergebung erfährst. Mache dich also auf Spurensuche!

Sturm auf dem See

Ich bin Stadtpfarrer Stefan Buß aus Fulda.

Vor etwa einem Jahr besuchte ich mit einer Pilgergruppe das Heilige Land. Auf dem Programm stand natürlich auch ein Besuch am See Genezareth im Norden Israels, in Galiläa. Es ist dann auch ein schöner Brauch auf einer solchen Pilgerreise auf dem See mit einem der Jesus-Boote eine Ausfahrt zu machen. Ich werde dann immer an den Text, der uns im Markus-Evangelium überliefert ist, und vom Sturm auf dem See berichtet, erinnert. Die Jünger waren mit dem Boot unterwegs. Plötzlich erhob sich ein heftiger Wirbelsturm und die Wellen schlugen in das Boot. Jesus aber lag hinten im Boot auf einem Kissen und schlief und sie weckten ihn. „Meister, kümmert es dich nicht, dass wir zugrunde gehen?", riefen sie vor Angst aus. Er aber stand auf und drohte dem Wind und es trat völlige Stille ein. Er aber sagt zu ihnen: „Warum habt ihr solche Angst, habt ihr noch keinen Glauben?" Vielleicht ist es ein Text, der geradezu hineingesprochen ist in die Stürme unserer Zeit. Hineingesprochen in die Corona-Krise, in die Angst, die uns trifft. Hineingesprochen in unsere bangen Fragen, in das Hoffen, dass wir alle Widerstände des Lebens überstehen. Jesus fordert in einer solchen Situation, wie einem Sturm, Vertrauen. „Warum habt ihr solche Angst, habt ihr noch keinen Glauben?" Jesus ist im Seesturm dabei. Er verlässt das Boot nicht und so ist er auch in jeder Zeit an unserer Seite und ermutigt auch uns zum Vertrauen und zum Glauben an ihn.

Tägliche Tankstelle

„Ich bin Stadtpfarrer Stefan Buß aus Fulda!"

Es ist eine Binsenweisheit: Wir leben heute oft in Stress oder unter Zeitdruck und manchmal habe ich dabei das Gefühl gelebt zu werden, statt zu leben. In Tagen allgemeiner oder persönlicher Krisen besteht allerdings die Möglichkeit ein ganz neues Lebensgefühl zu entwickeln. Ein Auto muss regelmäßig zur Tankstelle, um Kraftstoff zu tanken. Nur dann kann es weiterfahren. Unser alter Spiritual im Priesterseminar hat dieses Bild sehr oft aufgegriffen. Er sagte immer: „Ihr könnt nicht immer nur Energie abgeben und Tankstelle für andere sein, sondern es muss auch bei der Tankstelle immer wieder mal der große Tanklastzug kommen und muss euch innerlich auffüllen." Wir brauchen solche Tankstellen in unserem Leben. Für Christen sind vielleicht eine solche Tankstelle die Zeiten des Gebetes und des Gottesdienstes. In den Tagen der Livestreamgottesdienste erzählte mir eine Frau am Telefon: „Ich gehe nicht regelmäßig zum Sonntagsgottesdienst, aber ich verpasse im Moment kein Abendgebet um 18:00 Uhr. Es richtet mich auch auf, es wird für mich zur Tankstelle." Gott schenkt meinem Leben diese Geborgenheit. Ich spüre, es gibt etwas Wichtigeres als das umherhetzen und die Arbeit. Und ich beschließe, ich gönne mir diese Zeit auch mit Gott. Gerade in der Shutdown-Zeit von Corona wurde mir dies bewusst. Vielleicht waren diese Tage, in denen wir gezwungen waren mehr Zeit zu Hause zu verbringen, auch die Gelegenheit intensiver und neu Gott zu begegnen.

Erinnerung an die Taufe

„Ich bin Stadtpfarrer Stefan Buß aus Fulda!"

Jedes Jahr feiere ich ein wenig meinen Tauftag. Es ist der 13. Mai. Wissen Sie eigentlich, wann Ihr Tauftag ist? Vielleicht ist das auch mal Anlass diesen Tag herauszufinden und ihn vielleicht in Zukunft auch bewusst irgendwie in die Erinnerung zu rufen. Wir sind getauft und wir dürfen aus der Taufgnade tagein, tagaus, leben. Wir sollen uns bewusst daran erinnern, wenn wir unsere Gottesdienste oder überhaupt eine Kirche besuchen. Wir nehmen (zumindest in Nicht-Corona-Zeiten) das Weihwasser, um uns damit zu bekreuzigen. Hoffentlich geht dieses schöne Zeichen und Symbol nicht verloren. Die Kinder lasse ich dann immer das kleine Gebet sprechen: „Herr, gib mir von deinem Leben. Im Namen des Vaters und des Sohnes und des Heiligen Geistes. Amen!" Bei der Taufe Jesu im Jordan öffnet sich der Himmel und eine Stimme ruft: „Dies ist mein geliebter Sohn, an dir habe ich Gefallen gefunden!" (Mk. 1,11). Bei der Taufe hat sich der Himmel für uns alle geöffnet und Gott hat auch uns zugerufen: „Du bist mein geliebter Sohn, du bist meine geliebte Tochter!" Jeder von uns ist von Gott so geliebt, gewollt und angenommen und daraus, aus diesem Bewusstsein, dass Gott uns liebt, dass er uns so annimmt wie wir sind, dürfen wir jeden Tag Kraft und Hoffnung schöpfen.

Verklärung des Herrn
(6. August)

„Ich bin Stadtpfarrer Stefan Buß aus Fulda!"

Die „schönsten Wochen des Jahres" nennen viele die Sommerwochen, in denen sie den Urlaub und die Freizeit genießen. Wir holen uns in der Auszeit von der Arbeit und manchem alltäglichen Stress neue Kraft. Wir brauchen diese Zeiten, damit wir von neuem unsere Aufgaben erledigen können. Mitten in diesen Sommertagen feiert die Kirche das Fest der Verklärung des Herrn. Das Evangelium erzählt von drei Jüngern, Petrus, Jakobus und Johannes, die mit Jesus ein besonderes Erlebnis haben (Mk. 9,2-10). Auf dem Berg Tabor, auf halbem Weg von Galiläa nach Jerusalem, wird Jesus vor ihren Augen verklärt. Wenn man Israel besucht, ist dies ein ganz besonderer Ort. Das Erlebnis der Jünger wird für sie ein Höhepunkt ihres Lebens, der sie stärkt für den Alltag und die schwerste Erfahrung ihres Lebens im Leiden und Sterben Jesu. Eine Vorerfahrung des Auferstandenen Christus für die drei Jünger, die auch im Garten Getsemani beim Herrn betend ausharren und doch schwach werden und einschlafen. Es wird ihr „Gipfelerlebnis", so dass sie diesen Augenblick gern festhalten wollen. Jesus macht ihnen aber deutlich, sie müssen zurück nach unten steigen in ihren Alltag. Auch unser Leben kann bereichert werden durch Gipfelerlebnisse. Sie stärken uns und geben Kraft, so dass wir uns neu unserem Alltag stellen können.

Vertrauen

„Ich bin Stadtpfarrer Stefan Buß aus Fulda!"

Du hast vielleicht gerade das Gefühl, dass die Dinge außer Kontrolle geraten sind. Dein Alltag läuft nicht so reibungslos wie sonst. Allein schon durch Einschränkungen und Regeln, die im Alltag auferlegt sind. Du fühlst dich jedoch sicherer, wenn das Leben vorhersehbar ist. Lass dich einfach von Gott führen als einem sicheren Felsen, der höher ist als du und deine Umstände. Im Psalm heißt es: „Berge dich unter dem Schutz der Flügel Gottes, wo du absolut sicher bist" (vgl. Ps. 91,15a). Wenn du aus deiner gemütlichen Routine geworfen wirst, dann umklammere seine Hand und halte nach Bereichen Ausschau, in denen du dich weiterentwickeln kannst. Jetzt auch im Augenblick. Klage nicht darüber, dass es nicht länger bequem und gemütlich ist, sondern nimm die Herausforderung dieser Zeit an und lass dich auf etwas Neues ein. Gott spricht dir zu: „Ich verändere dich durch meinen Geist, damit du immer mehr mir ähnlicher wirst und immer mehr Anteil an meiner Herrlichkeit bekommst. Auf diese Weise arbeiten wir auch heute am Reich Gottes mit. Sag „Ja" dazu, auch jetzt im Augenblick. Es wird in deinem Leben wirksam werden. Darauf kannst du vertrauen, auf deinen Gott, und hab keine Angst.

„Tage wie diese"

„Ich bin Stadtpfarrer Stefan Buß aus Fulda!"

Die pure Lebens- und Feierfreude kommt in dem Song der Toten Hosen „Tage wie diese" 'rüber – keine Frage. Das Lied besingt eine Verabredung, ein Treffen, das lange vereinbart war:

„Ich wart seit Wochen, auf diesen Tag
Und tanz vor Freude, über den Asphalt
Als wär's ein Rhythmus, als gäb's ein Lied
Das mich immer weiter, durch die Straßen zieht
Komm dir entgegen, dich abzuholen, wie ausgemacht.
Zu derselben Uhrzeit, am selben Treffpunkt, wie letztes Mal"

„Durch das Gedränge, der Menschenmenge
Bahnen wir uns den altbekannten Weg
Entlang der Gassen, zu den Rheinterrassen
Über die Brücken, bis hin zu der Musik
Wo alles laut ist, wo alle drauf sind, um durchzudreh'n
Wo die Anderen warten, um mit uns zu starten, und abzugeh'n"

Musik lässt den Alltag und die Sorgen vergessen, ich gehöre dazu, ich bin nicht mehr allein:

„Das hier ist ewig, ewig für heute
Wir steh'n nicht still, für eine ganze Nacht
Komm ich trag dich durch die Leute
Hab keine Angst, ich gebe auf dich Acht
Wir lassen uns treiben, tauchen unter, schwimmen mit dem Strom
Dreh'n unsere Kreise, kommen nicht mehr runter, sind schwerelos"

Musik und ihr Erleben in der Gemeinschaft ist sinnstiftend, hebt mich über das Jetzt hinaus, da klingt etwas an, das mehr als irdisch ist. Es soll immer so bleiben, es soll kein Ende, keine Begrenzung, keinen Tod geben. Wahrscheinlich sind wir Menschen die einzigen Lebewesen, die wissen, dass sie sterben müssen, die ihren eigenen Tod fürchten, die sich nach Ewigkeit sehnen und überhaupt eine Ahnung von Ewigkeit und Unendlichkeit haben.

„An Tagen wie diesen, wünscht man sich Unendlichkeit
An Tagen wie diesen, haben wir noch ewig Zeit
Wünsch ich mir Unendlichkeit"

Das Thema Ewigkeit gehört ursprünglich in den Zuständigkeitsbereich der Religionen. Längst taucht es aber im säkularen Alltag auf. Scheint etwas durchaus Menschliches zu sein, diese Sehnsucht. Sie entstammt sicherlich der Angst vor dem Tod und der Ungewissheit, die dieser mit sich bringt. Aber auch der Freude am Leben, dem Wunsch, das Schöne als unendlich zu erleben, ihm Dauer zu geben. Die Botschaft dieses Lieds der Toten Hosen „Tage wie diese" und die gute Nachricht von der Auferstehung Jesu am Ostermorgen und dem Sieg des Lebens über den Tod klingen irgendwie verwandt:

„In dieser Nacht der Nächte, die uns so viel verspricht.
Erleben wir das Beste, kein Ende ist in Sicht
Erleben wir das Beste, und kein Ende ist in Sicht
Kein Ende in Sicht"

Segenswort in den Tag

„Ich bin Stadtpfarrer Stefan Buß aus Fulda!

Es ist ganz schön, mit einem Segenswort in den neuen Tag zu gehen. In das Spiel deiner Gefühle und in den Ernst deiner Gedanken, in den Reichtum deines Schweigens und in die Armut deiner Sprache kommt die Zusage deines Gottes: „Ich bin für dich da!" In die Fülle deiner Aufgaben und in die Leere deiner Geschäftigkeit. In die Vielzahl deine Fähigkeiten und in die Grenzen deiner Begabung kommt die Zusage deines Gottes: „Ich bin für dich da!" In das Gelingen deiner Gespräche und in die Langeweile deines Betens. In die Freude deines Erfolges und in den Schmerz deines Versagens legt dein Gott die Zusage an dich: „Ich bin für dich da!" Das wünsche ich Ihnen von Herzen. Ist es nicht eine schöne Zusage: Gott ist für mich da? Diese Zusage möge Sie durch jeden Tag begleiten.

Vier Brote und zwei Fische?

Wenn man eine Reise ins Heilige Land unternimmt, kommt man unwillkürlich auch an den See Genezareth und dort in den Ort Tabgha. Dort findet sich die Brotvermehrungskirche. Sie bezeichnet den Ort, an dem die Bibel berichtet, dass Jesus 5000 Menschen gespeist hat. Dort in dieser Kirche feiere ich auch jedes Mal, wenn ich in Israel bin, gerne einen Gottesdienst. Das Evangelium nach Johannes erzählt uns, dass ein kleiner Junge fünf Brote und zwei Fische hatte (vgl. Jo. 6,1-15). Jesus spricht ein Gebet und er verteilt Brot und Fisch und alle werden satt. Es bleiben sogar zwöf Körbe übrig. Diese Brudervermehrungskirche ist auf den Grundmauern einer alten byzantinischen Kirche gebaut. Auf dem Fußboden zeigt sich in dieser Kirche ein wunderschönes Mosaik. Ein zentrales Motiv dieses Mosaiks sind zwei Fische, die einen Brotkorb umrahmen. In diesem Brotkorb liegen vier Brote. Vier Brote? In der biblischen Erzählung ist doch immer von fünf Broten die Rede. Wenn ich Kindern dieses Bild zeige und sie frage, wo das fünfte Brot sein könnte, antworten sie oft: „Es ist sicher schon gegessen" oder „der Junge hat es schon verteilt". Ein Kind meinte einmal: „Es liegt wohl einfach unter den anderen Broten versteckt:" Sicherlich sind das mögliche Antworten, aber der Künstler damals in byzantinischer Zeit hatte sich etwas anderes dabei gedacht. So gibt es für mich zwei zentrale Bedeutungen. Zum einen: Das fünfte Brot könnte das eucharistische Brot, die heilige Hostie sein. Sie liegt Sonntag für Sonntag auf dem Altar. In ihm schenkt sich Jesus auch heute den Menschen immer wieder neu. Zum anderen: Der Leib Christi ist nicht allein das gewandelte Brot auf dem Altar, sondern es ist auch die Gemeinschaft der Glaubenden. Jeder, der im Sinne Jesu handelt, legt sozusagen das fünfte Brot dazu und leistet damit seinen Beitrag den Hunger der Menschen an Leib und Seele heute zu stillen. Die Geschichte der fünf Brote und zwei Fische. Im Mosaik von Tabgha sind nur zwei Fische und vier Brote zu sehen, das fünfte Brot könnten du und ich jeden Tag mit dazu legen.

WLAN notwendig

„Ich bin Stadtpfarrer Stefan Buß aus Fulda!"

Seit der Corona-Krise ist es auch in der Kirche deutlich: Ohne WLAN und Internet geht nichts. Auch wir konnten am 14.3. 2020 beim Verbot öffentlicher Gottesdienste nur so schnell reagieren, weil wir schon drei Jahre gute Erfahrungen mit Livestreamgottesdiensten in den Seniorenzentren der Stadt gemacht haben. Ohne WLAN geht in der Kirche nichts. Keine Arbeit oder Vorlesung aus dem Homeoffice. Keine Livestreamgottesdienste, keine Dienstbesprechung oder Treffen im Videochat. Grundsätzliche Fragen stellen sich uns neu in der Kirche. „Wie erreichen wir überhaupt den heutigen Menschen noch?" Solche Fragen können, trotz aller heutigen Kreativität, einen völlig verunsichern. Auf alle Fälle gibt es kein Zurück mehr zur früheren Normalität. Schauen wir aber auf die Bibel. Sie stellt uns Personen vor Augen, die uns Leitmotiv sein können. Denken wir an die Geschichte von Noah und der Arche am Beginn der Bibel (Gen. 6,1-9,29). Ist Ihnen schon einmal aufgefallen, es ist regelrecht eine Quarantäne-Geschichte (Erinnerung an Quarantänesituationen in der Corona-Krise). Noah entkommt als Einziger der großen Flut. Auf engsten Raum sitzt er mit den Tieren in seinem Arche-Homeoffice. Er ist völlig von der Außenwelt abgeschnitten. Er sitzt dort Tage, Wochen. Aber Noah blieb die Ruhe selbst. Er schickt eine Taube los, um zu schauen, wie die Lage ist. Vorsichtig wartete er lieber eine Woche ab. Dann öffnete er das Dach der Arche. Endlich Freiheit und am Himmel das Zeichen Gottes: der Regenbogen (Gen 9,13). So sein wie Noah: Das wäre es. Besonnen und vorausschauend handeln, die Ruhe bewahren, die Hoffnung nicht verlieren, auch wenn die Aussichten trübe sind. Zusammenhalten, Botschaften aussenden und auf Gott vertrauen, er wird uns führen.

Was ist ein Heiliger?

„Ich bin Stadtpfarrer Stefan Buß aus Fulda!"

Was ist eigentlich ein Heiliger? Diese Frage wird immer wieder einmal gestellt. Was aber macht einen Heiligen aus? Eine Oma hat es einmal auf anschauliche Weise ihrem Enkelkind erklärt. Sie besuchte mit dem Enkelkind die Kirche, um mit ihm eine Kerze anzuzünden. In meiner früheren Pfarrkirche Sankt Bartholomäus in Freigericht-Bernbach waren vorne in der Apsis zwei große Bleiglasfenster zu sehen. Sie stellten den heiligen Bartholomäus als Kirchenpatron und den Heiligen Bonifatius als Bistumspatron da. Diese Fenster wirkten ganz besonders, wenn die Morgensonne durch sie hindurch auf den Altar fiel. An einem Morgen kam jene Oma mit ihrem Enkel in die Kirche. Das Enkelkind fragte die Oma: „Was sind das eigentlich für Männer in den Fenstern?" Die Oma antwortete: „Das sind große Heilige!" Das Kind fragte zurück: „Was ist denn ein Heiliger, Oma?" Da antwortete die Oma ihm: „Ein Heiliger ist ein Mensch, der die Strahlen der Liebe Gottes in sich aufnimmt und sie durchleuchten lässt für andere!" Große Theologie in einfacher kindgerechter Sprache erklärt. Ja, ein Heiliger ist ein Mensch, der die Strahlen der Liebe Gottes in sich aufnimmt und sie durchleuchten lässt für andere. In dieser Weise können auch wir zu Heiligen werden in unserer Zeit. Auch wir sind als Menschen in diese Welt gestellt, um die Strahlen der Liebe Gottes aufzunehmen und sie durchleuchten zu lassen auf andere.

Was ist möglich?

„Ich bin Stadtpfarrer Stefan Buß aus Fulda!"

n den Tagen im Corona-Shutdown hörte man oft Leute stöhnen: „Ach, das geht nicht und das kann ich nicht und das ist eingeschränkt." Das war oft auch wirklich einengend. Es war beklagenswert, dass die Enkelkinder Oma und Opa nicht sehen konnten. Dass alte Menschen ihren zu pflegenden Partner im Altenheim nicht besuchen konnten. Das konnte man alles schon gut nachvollziehen. Mein evangelischer Kollege Pfarrer Stefan Bürger hat mich bei einem Abendimpuls im ökumenischen Abendgebet einmal angeregt sich die Frage zu stellen am Ende des Tages: „Frag doch nicht am Ende des Tages, was ging heute alles nicht. Sondern frag dich einmal, was ist heute gegangen, was so eigentlich nicht möglich ist?" Und er erzählte, dass er am hellichten Tag seine Arbeit am Schreibtisch unterbrechen konnte und in der Sonne saß mit einem Cappuccino. Etwas, was im normalen Alltag nicht möglich ist oder eben nur selten vorkommt. Ich hatte dann in diesen Tagen eine Einladung meines Teams im Kindergarten in Sankt Josef. Mit gebührendem Abstand aßen wir miteinander zu Mittag. Einmal mit dem Team in Ruhe zusammensitzen und Gemeinschaft im Team pflegen. Das wäre unter normalen Alltagsumständen gar nicht möglich gewesen. Vor lauter getakteter Termine und voller Betreuung wäre dies nicht möglich gewesen. Man konnte in diesen Wochen mal ein Telefonat mit Freunden, die man lange nicht gehört hatte, führen. Vieles wäre außerhalb der Corona-Krise wahrscheinlich so nicht passiert. Aber auch ohne Corona ist die Frage wichtig. Frage dich abends bewusst: Was ist heute passiert, was eigentlich so an anderer Stelle zur anderen Zeit nicht passiert wäre? – und du bist dadurch beschenkt.

„Was willst du, dass ich dir tun soll?" (Lk 18,41)

„Ich bin Stadtpfarrer Stefan Buß aus Fulda!"

E s gibt immer wieder Bibelstellen, die einen ganz besonders persönlich ansprechen. Bibelworte, an denen man sich selbst orientiert. Ein Wort hat mich ganz neu getroffen und ist mir auch für meine tägliche Arbeit in der Seelsorge sehr wichtig geworden. Jesus kommt nach Jericho und dort sitzt an der Straße ein Bettler (Lk 18,35-43). Dieser Bettler ist blind. Als er hört, dass Jesus in die Stadt kommt, ruft er laut aus: „Jesus, hab Erbarmen mit mir!" Jesus kommt auf ihn zu, aber er ist nicht gleich zur Stelle und heilt ihn, sondern er stellt ihm eine Frage. Die Frage lautet: „Was willst du, dass ich dir tun soll?" Also Jesus kommt nicht auf ihn zu und weiß sofort, was er zu tun hat, sondern er fragt den Blinden nach seinem Bedürfnis. Das ist für mich sehr wichtig und wertvoll geworden im Umgang mit den Menschen. Wir meinen in der Kirche auch oft, wir wüssten genau, was die Menschen brauchen. Wir sind die, die ihnen alles bringen können. Nein, es geht nicht darum den Menschen etwas überzustülpen, und sei es noch so gut gemeint. Die erste Frage muss lauten: „Was willst du, dass ich dir tun soll?" Dies ist für mich und mein pastorales Handeln sehr wesentlich geworden. Unsere Aufgabe als Christen ist es, den Menschen das Evangelium, die frohe Botschaft Jesu, schmackhaft zu machen. Dann, wenn es darum geht, dann muss ich ausgerichtet sein auf die Bedürfnisse jedes einzelnen Menschen. Ich wende mich ihm zu und frage ihn: „Was willst du, dass ich dir in deiner konkreten Lebenssituation tun soll?"

Wie und wo ausruhen?

„Ich bin Stadtpfarrer Stefan Buß aus Fulda!"

„Ich habe nicht einmal Zeit gehabt, um etwas zu essen, so viel war zu tun." Diesen Stress-Satz kennen Sie vielleicht? Die Freunde Jesu im Evangelium sind einmal in einer ähnlichen Situation (vgl. Mk. 6,30 – 32). Da hatte Jesus sie fortgeschickt, um zu predigen und zu heilen. Und jetzt kommen sie zurück, sind voll von Erlebtem, Schönem und Schwierigem, das sie unterwegs erfahren haben. Wir stellen uns vor, wie sie da bei Jesus stehen und erzählen, durcheinanderreden, atemlos und aufgeregt. Und Jesus sagt zu ihnen: „Jetzt ruht euch erst mal aus." Wie machen Sie das, wenn Sie sich ausruhen wollen? Wo ist für Sie ein guter Ort dafür? Was oder wen brauchen Sie dafür? Vielleicht ist es die Sofaecke – und es soll bloß keiner kommen, der etwas von mir will. Oder ein Spaziergang in der Natur. Vielleicht müssen Sie auch verreisen, den Alltag hinter sich lassen, ans Meer fahren oder in die Berge, um wirklich ausspannen zu können. Sport, sich richtig körperlich auslasten, ist auch für viele ein Weg, um Ruhe zu finden. Andere suchen das zwanglose Zusammensein mit Freunden, sie spielen, hören Musik, tanzen, reden. Ruht ein wenig aus! Es tut gut, diesen Satz zu hören und zu spüren: Da ist einer, der sorgt sich um mich, der möchte, dass es mir gut geht. Dieser Satz passt nicht nur gut zur Urlaubs- und Ferienzeit, sondern „Timeout" braucht es immer mal im Alltag.

„Wenn ich einmal reich wär …"

Wahrscheinlich kennen ihn viele von Ihnen, den Song „Wenn ich einmal reich wär …" aus dem Musical „Anatevka". Ein richtiger Ohrwurm. Der jüdische Milchmann Tevje malt sich in den leuchtendsten Farben aus, wie herrlich es für ihn wäre, ein vermögender Mann zu sein. Wie sich dann sein ganzes Leben in jeder Hinsicht radikal verbessern würde. Und da er ein frommer Jude ist, meint er gegen Ende seines Lieds:

„Ich hätte Zeit und könnte endlich zum Beten oft in die Synagoge gehn.
Ein Ehrenplatz dort wäre mein schönster Lohn.
Mit den Gelehrten diskutiert ich die Bibel, solange bis wir sie verstehn –
Ach, das wünschte ich mir immer schon."
Um zum Schluss seines Liedes zu fragen:
„Herr, du schufst den Löwen und das Lamm – sag, warum ich zu den Lämmern kam. Wär es wirklich gegen deinen Plan, wenn ich wär ein reicher Mann?"

Hand aufs Herz: Haben wir uns das nicht alle schon mal vorgestellt, wie es wäre, „wenn ich einmal reich wär"? Die Antwort, wie das wäre, könnte Tevje, können wir im Evangelium finden (Lk. 12,16-21). Da ist einmal von einem die Rede, der das Ziel, von dem Tevje träumt, erreicht hat. Ein reicher Kornbauer wird uns vor Augen geführt, der durch glückliche Umstände noch weitere Güter hinzugewinnt, so dass er gar nicht weiß, wohin damit. Er muss sich Gedanken über die Unterbringung seiner Güter machen. Ihm ist schnell klar: Er muss investieren, er muss seine Lagerkapazitäten vergrößern. Dann, wenn er das geschultert hat, so glaubt er, kann er sich beruhigt zurücklehnen und seine Früchte genießen. Jesus will uns verdeutlichen, dass wir uns nichts vormachen; dass wir uns nicht in falschen, trügerischen Sicherheiten wiegen wie der reiche Kornbauer, zu dem Gott warnend und ihm die

Augen öffnend spricht: „Du Narr! Diese Nacht wird man deine Seele von dir fordern; und wem wird dann gehören, was du angehäuft hast?" (Lk. 16,20). Mit einem Schlag kann alles zu Ende sein – und jeder, jede von uns kennt solche Beispiele – und all unser angehäuftes Gut, dass wir so sauer erworben, dass wir so mühsam erhalten haben, es hilft uns nichts; denn, wie der Volksmund sagt: Das letzte Hemd hat keine Taschen. Die Erfahrungen unseres Lebens können uns darüber belehren: Mit Geld kann ich das Glück, die Liebe, den Sinn meines Lebens, meine innere Lebendigkeit nicht erkaufen. In solchen Lebensvollzügen, in denen ich als Person ganz bei mir bin, nicht von mir weggeführt durch äußere Interessen, erfahre ich, dass ich „reich bin bei Gott". Der Wunsch: „Wenn ich einmal reich wär" erledigt sich dann von selbst.

Wo ist Ostern?

„Ich bin Stadtpfarrer Stefan Buß aus Fulda!"

Im Jahr der Corona-Pandemie war wirklich alles vollkommen anders. Zum Beispiel auch das Osterfest. Es stellte sich die Frage, wenn keine öffentlichen Gottesdienste möglich sind, keine große Liturgie stattfindet, soll es dann ausfallen? Nein, trotz allem konnten wir gemeinsam die Auferstehung feiern, denn Ostern ist da, wo ein Mensch sagen kann: „Und es hat doch noch einen Sinn!" Wo ein Mensch gegen alle Hoffnung weiß, es wird doch alles gut werden. Wo ein Mensch sich annehmen kann, weil er erfährt, ein anderer nimmt mich an. Wo ein Mensch barmherzig ist, weil er glauben kann, Gott ist meine Barmherzigkeit. Wo ein Mensch loslassen kann, weil er weiß, ein anderer hält mich. Wo ein Mensch gütig ist auch ohne Lohn zu wollen, weil er weiß, in Jesus ist mir die Güte begegnet. Wo ein Mensch auflebt, weil er glauben kann, Gott wartet auf mich. Wo ein Mensch im Glauben erfährt, ich bin geliebt. Da genau, da ist Ostern erfahrbar. Halleluja.

Wo ist der Himmel?

Ich bin Stadtpfarrer Stefan Buß aus Fulda.

Jedes Jahr feiern wir das Fest der Himmelfahrt Jesu. Hier bei uns in Fulda feiern wir es normalerweise festlich mit einem Gottesdienst und Prozession im Schlossgarten. Die zentrale Frage an Christi Himmelfahrt ist immer wieder: Wo ist eigentlich dieser Himmel? Ist der Himmel da oben? Ist er ein Ort oder eher ein Zustand? Wir können es in der deutschen Sprache nicht sehr gut unterscheiden. In der englischen Sprache ist es einfacher. Sie unterscheidet zwischen „Sky" – dem Himmel, wo die Sterne sind und „heaven" – dem göttlichen Himmel. Mir hat es sehr geholfen, was einmal auf einem Kalenderblatt zum Festtag gestanden hat. Dort hieß es: Der Himmel ist kein Ort auf der Landkarte des Universums, sondern eine Beziehung. Der Himmel ist die Erfahrung der glücklich machenden, aber auch herausfordernden Nähe Gottes. Heißt also, wir dürfen ein Stück Himmel auf die Erde bringen. Überall wo das Reich Gottes hier und heute schon anbricht durch Menschen, die die Gedanken und Taten Jesu weitertragen, ist ein Stück Himmel bereits hier auf der Erde. So entsteht Beziehung zwischen Menschen, zwischen Menschen und ihrem Gott. Er sendet uns in den Himmel hinein, der hier und heute in dieser Welt bereits beginnt.

Wo viele kleine Leute,
an vielen kleinen Orten, ...

„Ich bin Stadtpfarrer Stefan Buß aus Fulda!"

ch wünsche Ihnen einen wunderschönen Tag. Man ist vielleicht oft geneigt zu sagen: „Na ja, das bisschen, was ich tun kann, was ist das schon? Wenn ich was tue, ist es ja nur ein Tropfen auf den heißen Stein." Wenn wir alle so denken würden, dann, glaube ich, kommen wir nicht voran. Wenn alle sagen: „Na ja, den kleinen Beitrag, den ich für die Umwelt tue, kann..." Dann werden wir im Klimaschutz nichts erreichen. Wenn wir in schwierigen Zeiten sagen: „Was kann ich schon in dieser schwierigen Not dazu beitragen? Mein Gebet, mein Gedenken, mein Hilfsangebot, was ist das schon?" Ich glaube, es kommt auf jeden Einzelnen an. Seit vielen Jahren begleitet mich an meinem Schreibtisch eine Spruchkarte und die betont das, was wichtig ist: Wo viele kleine Leute, an vielen kleinen Orten, viele kleine Dinge tun, da wird sich das Gesicht der Erde verändern, erneuern. Also tun auch wir jeden Tag unseren Beitrag und sei er noch so klein.

Zu Allerseelen

„Ich bin Stadtpfarrer Stefan Buß aus Fulda!"

Wenn man in den Novembertagen in der Dämmerung um den Frauenberg geht und am Friedhof vorbeikommt, dann kann man viele brennende Kerzen an den Gräbern des Friedhofs sehen. Sehr oft sieht man auch in diesen Tagen, dass viele eine Kerze zum Friedhof tragen und dann bei einem Grab von Angehörigen anzünden. Für mich ist das ein Zeichen, dass diese Menschen, die dies tun, glauben, dass nicht alles mit dem Tod verloren ist. Unsere Verstorbenen sind von uns weggegangen, aber wir glauben, dass sie leben, sie leben bei Gott. Sie haben an Gott geglaubt und er hat durch seinen Sohn uns Gläubigen das ewige Leben versprochen. Wenn eine Kerze brennt, hat man den Eindruck, dass das Feuer in Bewegung ist. Bewegung ist ein Zeichen des Lebens, darum symbolisieren brennende Kerzen das Leben. In der Stadtpfarrkirche und auch anderen Kirchen brennt die Osterkerze. Unten brennen kleine Kerzen, die zu einem Kreuz gelegt wurden. Jede von den kleinen Kerzen symbolisiert eine/n von jenen, die im vergangenen Jahr von uns in die Ewigkeit gegangen sind. In jeder Heiligen Messe beten wir für unsere Verstorbenen, aber besonders am Allerseelentag. In jeder Heiligen Messe erleben wir das Gedächtnis des Todes und der Auferstehung Christi. Unsere Verstorbenen sind durch die Taufe mit Jesus verbunden, auch in seiner Auferstehung. Das ist für uns eine trostspendende Botschaft.

Zurück zur Normalität

„Ich bin Stadtpfarrer Stefan Buß aus Fulda!"

„Zurück zur Normalität". Was heißt das eigentlich gerade auch in diesen Tagen? (Corona-Zeit während des Shutdowns). Mir fielen dabei die Jünger Jesu ein. Sie sind am Ostertag versammelt. Sie sind verängstigt und eingeschüchtert. Sie sind hinter verschlossenen Türen und ihr Wunsch war allein nur „wieder zurück zur Normalität". Heißt: Zurück zu der Zeit vor dem Karfreitag. Als sie mit Jesus unterwegs waren, als sie ihn kennenlernen durften, als er ihnen ihre Nähe schenkte, ihnen Weisungen gab. Und da kommt Jesus plötzlich in ihre Mitte als der Auferstandene und erweist sich als der, der lebt. Aber diese Ostererscheinung ist kein Schritt zurück in die Normalität, sondern es ist alles ganz anders, aber neu. Aufbruch in eine neue Zukunft. Aufbruch auf neue Wege. In diesen Tagen gibt es auch viele, die davon sprechen: „Wir müssen wieder zurück zur Normalität vor Corona!" Ich möchte das in Zweifel stellen. Ich glaube, es wäre nicht ratsam vor die Corona-Krise in die Normalität zurückzukehren, sondern die Krise fordert uns heraus kreativ neue Wege in der Zukunft zu gestalten und eine andere Normalität als die bisherige zu entwickeln. Das gilt für jene, die jetzt unter neuen Bedingungen wieder ihre Geschäfte oder ihre Lokale öffnen. Das gilt für die, die in unseren Städten die Ordnung organisieren müssen, die eine ganz andere ist als vor der Krise. Es geht bis hinein in unsere Gemeinden, in unsere Kirche. Wir dürfen nicht mehr zur Normalität zurückkehren, sondern aus der Krise die Kraft schöpfen eine neue Normalität zu schaffen. Eine Normalität, in der der Lebendige erfahrbar wird, auf ganz neuen Wegen, in einer ganz neuen Zukunft.

Zwischenzeiten

Das Leben ist voll von Zwischenzeiten. Es gibt Zeiten, die liegen sozusagen irgendwie dazwischen. Die eine Sache ist abgeschlossen und eine andere hat noch nicht ganz angefangen. Da ist ein berufliches Projekt abgeschlossen, das neue noch nicht angefangen. Da ist die Urlaubsreise vorbei, aber es gibt vor dem Arbeitsstart noch ein paar freie Tage. Das war auch die Erfahrung der Jünger in der Heiligen Schrift. Sie leben in einer Art Zwischenzeit. Es gab einen äußeren Abschluss mit der Himmelfahrt Jesu, aber der Geist, der ihnen verheißen war, war noch nicht zu ihnen gekommen. Und so sind sie sozusagen in einer Zwischenzeit. In dieser Zwischenzeit zwischen Himmelfahrt und Pfingsten sind sie aber versammelt zum Gebet (vgl. Apg. 1,14). Auch wir leben immer wieder in solchen Zwischenzeiten. War nicht auch der Zustand der Corona nach den allmählichen Schritten der Wiedereröffnung eine solche Zwischenzeit? Wir sind längst nicht bei der Normalität und lang nicht vor Corona angekommen, aber wir waren auch nicht in einer Phase, in der alles wieder zurückgekehrt ist und eine neue Normalität eingetreten wäre. Sondern es war so eine Zwischenzeit mit der bangen Frage: Wird es nach all den Öffnungen irgendwie gut gehen? Die Apostel sind uns vielleicht dabei ein Beispiel für Menschen in solcher Zwischenzeit. Sie vertrauen nämlich auf Gott. Sie öffnen sich für ihn. Sie können im Vertrauen auf Gott mit einer Hoffnung leben. Das sollte auch uns Menschen immer wieder erfüllen und uns helfen einen guten Weg in die Zukunft zu finden. Gott ist dabei. Er geht mit und er sendet seinen guten Geist. Das kann in Zeiten, die auch für den Menschen belastend sind, nicht alle Probleme lösen. Die Sorge um die Gesundheit bleibt. Die Trauer nagt weiter in uns. Es sind Gedanken, die auch uns ständig bewegen. Aber wenn wir in einer solchen Situation sind, dann dürfen wir darauf vertrauen, dass in allen Situationen Gott mitgeht. Wir müssen das tun, was wir selbst können, um uns weiterzuentwickeln. Welchen Weg der Heilige Geist uns zeigen wird, wissen wir nicht, doch es ist wichtig, dass wir aufrichtig darum ringen. Aber wir dürfen mutig unseren Weg gehen, denn Gott geht mit!

Auf Sendung sein

„Ich bin Stadtpfarrer Stefan Buß aus Fulda!"

Seit fast 30 Jahren bin ich in der kirchlichen Rundfunkarbeit engagiert. Mehrfach wurden dabei schon von mir gefeierte Gottesdienste im Radio live übertragen. Der letzte war aus der Stadtpfarrkirche St. Blasius in Fulda am Ostersonntag 2020 im hessischen Rundfunk zu hören. Er stand unter besonderen Vorzeichen, weil es die Zeit des Corona-Shutdowns war und öffentliche Gottesdienste nicht möglich waren. Für viele Menschen, vor allem auch jene, die kein Internet besitzen, war daher eine Rundfunkübertragung von besonderer Bedeutung. Wenn eine solche Livesendung im Radio oder im Fernsehen läuft, dann weiß ich genau, dass ich auf ein besonderes Zeichen achten muss. Sobald das rote Lämpchen an den Mikrophonen aufleuchtet, dann ist dies das Zeichen, dass die Übertragung beginnt. Man ist also live auf Sendung. „Auf Sendung sein" – das ist eigentlich auch das, was die Evangelien in der Osterzeit mit den Erscheinungsgeschichten Jesu als Botschaft bringen. „Auf Sendung" ist der, der genau hinhört und hinsieht und mit dem Herzen dabei ist. Das tut er aber in der Regel nicht aus sich selbst heraus und auch nicht nur für sich selbst, sondern ihm wird ein Auftrag vermittelt. Fortan ist er mit all seinen Worten und allen seinen Handlungen, ja mit seiner ganzen Person Bote und zugleich auch Teil der Botschaft. Die Botschaft, die Jesus den Menschen anvertraut hat, ist nichts anderes als die Fortsetzung dessen, was er selbst vorgelebt hat. In jedem Augenblick, in allen Gesten soll die Zuwendung des „Gesandten" zu den anderen Menschen zum Ausdruck kommen. Alle Aufmerksamkeit, die ein Mensch schenkt, aller Trost, den er spendet, wird hier und heute wichtig. Es schließt Türen auf hinter denen Menschen manchmal sogar gefangen sind. Es geht um eine wichtige Botschaft, die Botschaft des Glaubens, die Botschaft von Ostern, die sagt, du brauchst nicht zu verzweifeln. Es gibt eine Hoffnung und diese Hoffnung, die darf Menschen heute tragen, auch in schwierigen Zeiten und in Krisen. Also es liegt an jedem von uns einfach nur auf Sendung zu gehen und das zu verinnerlichen, was der Glaube sagt. Wenn jeder Mensch es auf seine Weise weitergibt, dann lebt der Auferstandene auch heute mitten unter uns.

Einen neuen Aufbruch wagen!
(vor Pfingsten 2020)

„Ich bin Stadtpfarrer Stefan Buß aus Fulda!"

„Einen neuen Aufbruch wagen," unter diesem Motto stand einmal der Katholikentag in Mannheim im Jahr 2012. Dieses Motto hat mich als alter Pilger und Wanderer sehr angesprochen. Zum einen sehe ich, dass unsere Kirche auch einen neuen Aufbruch braucht. Wie schwer fällt es ihr doch die Botschaft von Gottes reicher Liebe so zur Sprache zu bringen, dass sie leuchtet, für viele einleuchtet. Wie schwer gelingt es der Kirche ihre alten Verkrustungen und Verformungen zu überwinden, die manchmal dem Zeugnis im Wege stehen. Zum anderen ersehne ich aber auch für mich selbst einen wirklichen Aufbruch. Ich erlebe mich manchmal auch eingeengt in meinem eigenen Denken und Lebensmustern. Ich bin Gefangener eines bestimmten Milieus und für vieles, was Menschen bewegt, belastet, freut oder ängstigt, fehlt mir vielleicht das rechte Empfinden. Ich spüre, wie schwer es mir fällt, meine alten Gleise zu verlassen. Aufbruch ist nötig, in der Gesellschaft, in der Kirche, im je eigenen Leben. Gerade in der Zeit vor Pfingsten jeden Jahres beten wir ganz besonders um den Heiligen Geist. Pfingsten und der Heilige Geist, das ist die Kraft, die die Chance zum Aufbruch gibt. Wenn ich mich für diese Aufbrüche öffne und auch bereit bin im eigenen Leben etwas zu verändern, dann kann es etwas bewegen. Pfingsten ist gewiss kein Fest, das nur einfach beruhigt, besänftigt oder friedlich stimmt. Es ist ein Fest, das uns zum Aufbruch ruft. Denn dazu sind Christen gesandt. Christus zu bezeugen in der Welt. Mutbringer zu sein in seinem Sinne und sich durch den Geist zum Guten antreiben zu lassen. Wenn ein Mensch sich im Inneren öffnet, dann kann in seinem Leben der Aufbruch gelingen.

Die kleinen Dinge des Lebens

„Ich bin Stadtpfarrer Stefan Buß aus Fulda!"

Mir wird immer mal wieder bewusst, was meine Mutter mir immer gesagt hat. Sie hat dies von Kindheit an mir und meinem Bruder deutlich gemacht. Sie hat immer gesagt: „Es sind nicht die großen Sensationen, die das Leben ausmachen, sondern achtet auf die kleinen Dinge des Alltags am Rande. Sie machen das Leben lebenswert!" Daran muss ich immer wieder einmal denken. Jedenfalls gibt einem diese Sicht auch in schweren Zeiten Orientierung. Diese Sicht eröffnet die Chance vielleicht bewusster sich auch an den kleinen Dingen des Alltags zu erfreuen. Selbst scheinbar belanglose Randgeschichten gewinnen da plötzlich an Bedeutung. Sie wecken in uns Freude, weil selbst ein kleinstes Detail den Tag wertvoll macht. Vielleicht gehen Sie einmal bewusst heute durch diesen Tag und fragen sich am Ende dieses Tages: Was waren heute die kleinen Dinge am Rande, die kleinen Freuden, denen ich begegnet bin? Sie haben meinen Alltag bereichert und von ihnen konnte ich auch heute wieder leben.

„ichthys" – der Fisch

Vor allem auf Autos sieht man sie: Fischsymbole in allen möglichen Varianten. Doch was bedeuten sie? Essen die Fahrer besonders gerne Fisch? Wohl kaum!

Sind sie leidenschaftliche Angler? Das kommt der Sache schon ein Stück näher: Als nun Jesus an dem Galiläischen Meer ging, sah er zwei Brüder, Simon, der da heißt Petrus, und Andreas, seinen Bruder, die warfen ihre Netze ins Meer; denn sie waren Fischer. Und er sprach zu ihnen: „Folget mir nach; ich will euch zu Menschenfischern machen!" (Mt. 4,18-19). Jesus verglich also den Missionsauftrag mit dem Fischen – nur dass es diesmal um Menschen geht! Und noch ein ungewöhnlicher Zusammenhang besteht: Fische, die geangelt wurden, landen in der Bratpfanne – bei Menschen sieht es dagegen genau umgekehrt aus: Geangelte Menschen werden sozusagen befreit zum Leben. Man spricht davon, dass die Urchristen in der Verfolgung dieses Zeichen zur gegenseitigen Erkennung untereinander verwendeten: Eine Person zeichnete zunächst einen Bogen in den Sand, die andere vollendete das Symbol mit dem Gegenbogen und gab sich damit als Christ zu erkennen. Dieses Erkennungszeichen wurde nicht ohne Grund von den Christen gewählt: Aus den Buchstaben des griechischen Wortes (lat. geschrieben: „ichthys" = „Fisch") lassen sich folgende Worte bilden:

Iesous = Jesus

Christos = Christus (der Gesalbte)

Theou = Gottes

Hyios = Sohn

Soter = Retter/Erlöser

Das Christkönigsfest

„Ich bin Stadtpfarrer Stefan Buß aus Fulda!"

Ein König? Die Monarchie ist doch abgeschafft. Wir sind heutzutage alle Demokraten, Republikaner. Und trotzdem, es gibt sie noch, die Könige. Auch 200 Jahre nach der Französischen Revolution. Der „King", das ist der, der am meisten imponiert in der Clique. Und der „Kaiser Franz" ist im Fußball ein Name. Und die „Prinzessin" und der „Prinz" nennen sich Verliebte. Und das „Königs-Pilsener" ist „der König der Biere". Und bei uns ist der Kunde König. Wer Geld hat und es ausgeben kann, der ist seine Majestät, der Kunde. Also, was braucht ein moderner Mensch, um König zu sein: Pass, Geld und Führerschein. Alles andere bekommt er für Geld. Wer hat, der ist König – und er hat, solange die Kreditkarte funktioniert. Es kommt uns doch ziemlich sympathisch vor, dieses Königsbild, oder? Der Königsgedanke der Bibel aber ist ein ganz anderer (vgl. Jo.18,33–38). Die Herrschaft Jesu ist von ganz anderer Art als die von menschlichen Machthabern. Das macht auch die Spottinschrift am Kreuz deutlich (vgl. Jo. 19,19-22). Dieser König der Juden am Kreuz, der sich als Sohn Gottes bezeichnete, kann sich niemanden mehr mit Gewalt unterwerfen. In seiner totalen Ohnmacht wird deutlich, dass das Königtum Jesu sich nicht auf Waffengewalt stützt, sondern darauf, Menschen durch Liebe zu gewinnen, durch eine Liebe, die auch in der Ablehnung nicht zurückschlägt, sondern leidet und aushält. Deshalb gehören das Christkönigsfest und der Karfreitag zusammen. Jesus zeigt, wie Gott ist. Er macht Gottes Liebe sichtbar, die alle zu heilen vermag. Er macht Gottes Macht sichtbar, die auch die Armen und Geringen groß werden lässt. Unsere Welt ist nicht mit dem Schwert der Mächtigen zu heilen. Heilung ist nur möglich über die Herzen von Menschen, die sich von der Liebe Gottes treffen lassen und sie an andere weitergeben. Wir feiern am Christkönigssonntag den Sieg der Liebe in Christus, unserem König.

Bond – James Bond!

Damit hatten Sie jetzt nicht gerechnet. Sie haben gewartet auf: „Ich bin Stadtpfarrer Stefan Buß aus Fulda!" Aber Bond, James Bond, mit diesen Worten stellt sich regelmäßig eine der berühmtesten Figuren der Filmgeschichte vor. Der britische Geheimagent James Bond. In 24 Filmen wurde die Rolle des James Bond von unterschiedlichen Schauspielern verkörpert. Viermal hat bisher der britische Schauspieler Daniel Craig den Geheimagenten gespielt und durch ihn bekommt die Filmfigur ganz neue Facetten. Daniel Craigs James Bond ist verletzlich, zweifelt. Besonders deutlich wurde dies in dem Film „Skyfall"- auf Deutsch „Himmelssturz". Bond muss sich mit den Verwundungen seiner Kindheit auseinandersetzen, die ihn erst zu dem gemacht haben, was er ist. Im Haus seiner Kindheit kommt es zum spektakulären Showdown des Films. Zugleich wird er in Frage gestellt, ob er mit seinen Methoden nicht längst aus der Zeit gefallen ist. Eine Frage, die uns trotz der riesengroßen Unterschiede zwischen seinem erfundenen und unserem realen Leben nahebringt. Die Erfahrung aus der Zeit gefallen zu sein. Die Erfahrung, dass unser Können und Wissen nicht mehr viel gilt. Tröstlich, dass Daniel Craig James Bond sich noch einmal durchsetzen kann, auch wenn seine Vorgesetzte, die für ihn wie eine Mutter gewesen war, am Ende des Filmes sterbend in seinen Arm liegt. Diese Szene hat mich an eine umgekehrte Pieta erinnert. Also die Darstellung bei der Maria ihren gekreuzigten und toten Sohn im Schoß hält. Überhaupt ist der Film Skyfall voller religiöser Bezüge, die auch gut in die Passions- und Osterzeit hineinpassen würden. Es gibt einen bemerkenswerten Dialog zwischen James Bond und seinem Gegenspieler. Bond sagt: „Ja, jeder braucht ein Hobby." Darauf fragte der Gegenspieler: „Und was ist das Ihre?" Und Bond antwortet: „Auferstehung!" Auferstehung als Hobby, das klingt zunächst sehr salopp, nicht dem Fest angemessen, das wir Jahr für Jahr als Höhepunkt des christlichen Festkreises begehen. Doch wenn ich das einmal außen vorlasse, dann höre ich anderes aus diesem Dialog. Auferstehung ist nicht nur etwas am Ende des Lebens, sondern kann sich ständig ereignen. Zum Beispiel, wenn wir erfahren, dass wir noch nicht zum alten Eisen gehören, sondern wichtig sind und gebraucht werden oder wenn nach Schmerz und Trauer Hoffnung und Freude wieder spürbar sind. Der Film macht etwas weiteres deutlich. Die alltäglichen Auferstehungen sind nicht etwas, was ich leisten kann, sondern, das ich mir schenken lassen muss, wenn ich dafür offen bin und mich bemühe. Und dafür muss ich kein Superheld sein, kein James Bond, sondern, das kann jede und jeder jeden Tag neu. Bis wir eines Tages auferstehen und für immer bei Gott sein werden. Der auferstandene Christus hat es uns versprochen.

Seligpreisungen

„Ich bin Stadtpfarrer Stefan Buß aus Fulda!"

Der verstorbene frühere Bischof von Aachen Klaus Hemmerle (1929–94) hat die folgenden Seligpreisungen verfasst:

Selig, die das Interesse des anderen
lieben wie ihr eigenes –
denn sie werden Frieden und Einheit stiften.

Selig, die immer bereit sind,
den ersten Schritt zu tun –
denn sie werden entdecken,
dass der andere viel offener ist,
als er es zeigen konnte.

Selig, die nie sagen: Jetzt ist Schluss! –
denn sie werden den neuen Anfang finden.

Selig, die erst hören und dann reden -
denn man wird ihnen zuhören

Selig, die das Körnchen Wahrheit in jedem
Diskussionsbeitrag heraushören –
denn sie werden integrieren
und vermitteln können.

Selig, die ihre Position nie ausnützen –
denn sie werden geachtet werden.

Selig, die nie beleidigt oder enttäuscht sind;
denn sie werden das Klima prägen.

Selig, die unterliegen und verlieren können –
denn der Herr kann dann gewinnen.

Quelle: Hemmerle, Klaus: Acht Seligkeiten für Pfarrgemeinderäte. Brief an die Mitglieder der Pfarrgemeinderäte (Dezember 1978), in: Hemmerle, Klaus: Hirtenbriefe, hg. v. Karlheinz Collas, Aachen 1994

Die hl. Simplicius, Faustinus und Beatrix

„Ich bin Stadtpfarrer Stefan Buß aus Fulda!"

Der 29. Juli ist der Gedenktag der Fuldaer Stadt- und auch Pfarreipatrone Hl. Simplicius, Faust... Oh nein, wie kann man nur so schwer aussprechbare Patrone wählen. Also nochmal: Simplicius, Faustinus und Beatrix. Simplicius und Faustinus waren bei der letzten Christenverfolgung in Rom unter Kaiser Diocletian wegen ihres Glaubens gefoltert, umgebracht und in den Tiber geworfen worden. Beatrix, ihre Schwester, konnte die Leichname der Brüder an Land ziehen und begraben. Wenig später ereilte Beatrix ebenfalls das Schicksal des Märtyrertodes, weil sie sich weigerte, ihrem Glauben an Christus abzuschwören. Alle drei Geschwister fanden dann im Jahre 303 ihre letzte Ruhestätte in der Generosa-Katakombe im römischen Stadtteil Magliana. In der Katakombe findet sich ein altes Fresko, das die drei Geschwister mit einem weiteren Heiligen mit Christus darstellt. Heute gibt es eine freundschaftliche Verbindung zwischen Fulda und Magliana. Die drei Geschwister wurden auch gemeinsam heiliggesprochen. Bonifatius hatte bei seiner ersten von drei Romreisen (718/19) von Papst Gregor II. Reliquien der drei Märtyrer-Geschwister geschenkt bekommen und diese selbst in sein Lieblingskloster Fulda gebracht. Weil die Reliquien seit den Anfängen des Klosters in Fulda verehrt wurden, erhielten Simplicius, Faustinus und Beatrix zunächst die Bedeutung als Stifts- und dann auch als Stadtpatrone. Im Fuldaer Stadtwappen sind die drei Heiligen symbolisch als Lilien (= Zeichen der Reinheit) dargestellt, deren Blüten, da sie Geschwister sind, aus einem Stängel erwachsen. Die drei waren wahre „Ehrenfrau" und „Ehrenmänner", weil sie sich unerschrocken für ihren Glauben einsetzten in der Christenverfolgung. Christenverfolgung – das klingt wie ein Phänomen aus ferner Vergangenheit. In vielen Ländern dieser Welt ist die Ausgrenzung, Diskriminierung und Verfolgung von Christen jedoch auch heute noch – oder wieder – gängige Praxis. Man schätzt, dass etwa 200 Millionen Christen in über 60 Ländern heute wegen ihres Glaubens verfolgt werden. Die Formen der Unterdrückung reichen von grausamen Gewalttaten wie Hinrichtungen und Folter über Inhaftierungen bis hin zu Diskriminierung zum Beispiel im Bildungsbereich oder auf dem Arbeitsmarkt. Also, wenn sie auch schwer aussprechbar sind, Simplicius, Faustinus und Beatrix, sie sind aktueller denn je. Es braucht auch in unserer Zeit Menschen, die mit Überzeugung ihr Christsein leben und auch bekennen und so zur Ehrenfrau und zum Ehrenmann werden.

Vergänglichkeit des Lebens

„Ich bin Stadtpfarrer Stefan Buß aus Fulda!"

Die letzten Wochen des Kirchenjahres werden als Ende des Kirchenjahres bezeichnet. Der Herbst erinnert uns an die Vergänglichkeit allen Lebens. Besonders der Monat November, wenn es kalt und rau wird und die Blätter von den Bäumen fallen, veranlasst uns, über die eigene Endlichkeit nachzudenken. Wir spüren dabei: Auch ich mit meinem Leben gehöre in diesen kreatürlichen Zusammenhang von Werden und Vergehen. Die sterbende Natur und die längeren Nachtstunden erinnern uns an das eigene Sterben, an Abschiednehmen, Hergeben und Trauer. Mehrere Gedenktage am Ende des Kirchenjahres greifen das Vergänglichkeitsthema auf. Der letzte Sonntag im Kirchenjahr wird in der evangelischen Kirche als ‚Ewigkeitssonntag' und ‚Totensonntag' bezeichnet. Weil der Tod das Tor zur Ewigkeit ist, gehören die beiden Begriffe zusammen. Katholische Christen feiern am letzten Sonntag im Kirchenjahr das Christkönigsfest. Jesus Christus, der auferstandene Herr, wird auch am Ende der Zeit als Herr und König herrschen und alle Menschen an seiner Königsherrschaft teilhaben lassen, die er im endgültigen Frieden zusammenführt.

Wenn dein Herz wandert oder leidet,
bring es behutsam an seinen Platz zurück
und versetze es sanft
in die Gegenwart deines Herrn.
Und selbst wenn du nichts getan hast
in deinem ganzen Leben,
außer dein Herz zurückzubringen
und wieder in die Gegenwart
unseres Gottes zu versetzen,
obwohl es jedes Mal wieder fortlief
nachdem du es zurückgeholt hast,
dann hast du dein Leben
wohl erfüllt.

(Franz von Sales)

Denken auch wir über die Vergänglichkeit unseres Lebens nach und lassen uns erfüllen von der Ewigkeit Gottes.

Advent – Zeit der Lichter

„Ich bin Stadtpfarrer Stefan Buß aus Fulda!"

Advent – das ist die Zeit der Lichter in der Zeit der Dunkelheit. Advent ist die Zeit des hellen Morgens nach einer langen Nacht und vor einem kurzen Tag. Advent ist die Zeit des warmen, lebendigen und offenen Lichts anstelle der kalten, künstlichen und in Leuchtkörper eingeschlossenen Beleuchtung. Im Advent klingt schon an, wie in einer Ouvertüre, in einem breit angelegten Vorspiel, was dann während des Kirchenjahres ausführlich erzählt und dargestellt wird zum Beispiel in all den lebensnahen Jesusgeschichten. In den Heilungen, diesen wunderbaren Hilfen für traurige und geängstigte Menschen. In den Streitgesprächen mit bornierten, verblendeten Menschen; in denen die Wahrheit aufscheint, die Menschen befreit, erlöst, menschenfreundlich macht. Die Hoffnung, die von alledem ausgeht, diese Hoffnung ist Thema und Grund für die Adventszeit. Es ist die Hoffnung auf Verbesserung der Verhältnisse und die Hoffnung, dass Ungutes und Unrechtes nicht verschleiert, sondern deutlich wird, aber veränderbar ist in Richtung auf Recht und Güte. Advent! Ich hoffe für alle und für jeden einzelnen Menschen, dass Jesus Christus uns erreicht, uns ansteckt mit seiner Lebenskraft und Liebenswürdigkeit. Ich hoffe, dass er uns die Augen öffnet und die Ohren und uns zum Reden bringt mit seiner menschenfreundlichen und Menschen zugewandten Art. Ich hoffe, dass er uns Einblicke verschafft in ewiges Leben schon jetzt mitten im Alltag.

Der Adventskranz –
was er uns sagen kann

„Ich bin Stadtpfarrer Stefan Buß aus Fulda!"

„Wir sagen euch an den lieben Advent, sehet die erste Kerze brennt…"
An den vier Sonntagen vor Weihnachten zünden wir am Adventskranz
jeweils eine Kerze an – jeden Sonntag eine mehr. Bis dann am Heiligabend ganz viele Kerzen brennen am Christbaum. Der Raum ist hell
und warm erleuchtet. Und wir dürfen es feiern: Jesus, der Gottessohn,
ist geboren als Licht für die Welt, als Licht für unser Leben. Die Adventszeit will uns einstimmen auf das Weihnachtsfest. Sein Licht will
hereinscheinen auch in unser Leben, in unser Herz. Jede Kerze am
Adventskranz, die wir mehr anzünden – jede Kerze möchte uns sagen:
„Gott will dir sein Licht schenken, wenn es dunkel ist bei dir. Wenn du
dich einsam fühlst und allein und trübe Gedanken dich plagen: ER will
dir seine Nähe zeigen – wie er dir zur Seite ist, dich trägt, dir Kraft gibt
Tag um Tag. Wenn du in Not bist und nicht mehr weiter weißt, wie es
denn werden soll; wenn du voller Sorgen nur noch schwarzsiehst: ER
will dir wieder Hoffnung schenken. Dass du ihm vertrauen kannst: Er
hat einen Weg für dich; seine Hand führt dich weiter, Schritt für Schritt.
Wenn du traurig bist, weil ein lieber Mensch gestorben ist: ER will dich
trösten und will dir wieder Frieden ins Herz geben. Er will dir die Gewissheit schenken, dass uns nichts trennen kann von ihm und seiner
Liebe. Und die Kerzen am Adventskranz laden uns ein, dass wir unser
Herz öffnen für das göttliche Licht. Es kann also hilfreich sein, wenn
wir in der Adventszeit immer wieder auf den Adventskranz schauen, was
er uns alles sagen kann über Gott und sein Licht. Weil Gott mit seiner
unendlichen Liebe für immer zu uns hält, deshalb brauchen wir auch
in schwierigen Zeiten nicht verzagen. Wir dürfen eine feste Hoffnung
im Herzen tragen. Und diese Hoffnung gerade in der Adventszeit uns
immer wieder neu schenken lassen.

Der Adventskalender

rinnern Sie sich noch an die Adventskalender Ihrer Kindheit? Ich sehe sie noch vor mir, meine ersten in den 60-er Jahren. Auf dem Deckblatt ein großes Bild, eine gemütliche Winterlandschaft, und 23 kleine Türchen und ein größeres, für den 24. Und hinter den Türchen kleine Bilder. Hinter dem 24. Türchen war fast immer eine Krippenszene, die Geburt Jesu. Adventskalender – eine coole Sache, ein Türchen öffnen und schon bist du wieder ein bisschen näher an Weihnachten dran. Für mich war das als Kind fast so etwas wie ein heiliges Ritual an jedem Dezembermorgen. Es verband sich für mich unbewusst mit dem Lied „Macht hoch die Tür, die Tor macht weit". Adventskalender sehen heute anders aus. Ganz moderne Adventskalender können wir auf dem Handy abonnieren: jeden Tag eine SMS mit einem ermutigenden Spruch oder eine App auf dem Smartphone oder eine E-Mail. Und dann gibt es noch die „lebendigen Adventskalender", mit Adventsfenstern verteilt über das ganze Dorf oder in der Stadt. Was steckt aber eigentlich hinter dem Adventskalender? Tag für Tag soll er die Vorfreude auf Weihnachten steigern. Jeden Tag ein Schritt näher an Heiligabend und an die Geschenke, jeden Tag ein bisschen Vorfreude auf das, was bald kommt, auf Weihnachten. Eine Tür zu öffnen, bei der man nicht weiß, was dahinter ist – ich glaube, das rührt ganz tief in uns etwas an. Das ist doch einfach ein Grundbedürfnis des fragenden Menschen. Er kann eine Geduld beibringen. Jeden Tag eine Tür nach der anderen aufzutun, einen Schritt nach dem andern zu tun, sich jeden Tag einzeln schenken zu lassen von Gott und jeden Tag wie ein großes Geschenk zu genießen. Das ist wahrscheinlich der tiefste Grund dafür, dass in der Adventszeit der Adventskalender erfunden wurde. Sich jeden Tag einzeln von Gott schenken lassen. Man könnte also sagen: Gott öffnet seine Türchen dem, der ihn sehen will. Er wurde in Jesus sichtbar und erlebbar. Und wer sich für Jesus öffnet, wird Gott erkennen, wie er wirklich ist mit seiner schöpferischen Kraft und seiner unendlichen

Liebe. Und er wird ein erfülltes Leben bekommen. Das wünsche ich Ihnen von ganzem Herzen – und zwar nicht erst wenn das 24. Türchen geöffnet wird, sondern heute schon und jeden Tag. Und so möchte ich mit meinen täglichen Impulsen in der Adventszeit so etwas wie Ihr täglicher Adventskalender sein, der in Ihnen etwas öffnet, was uns auf Weihnachten, die Menschwerdung Gottes hinführt.

Treuer himmlischer Vater. Wir freuen uns, dass wir wieder die Adventszeit haben, wo wir uns vorbereiten können auf Weihnachten, die Geburt Deines Sohnes Jesus Christus. Danke, dass in dieser Zeit eine besondere Stimmung herrscht mit den vielen Kerzen und Lichtern. Hilf uns, dass wir nicht vergessen, warum das alles ist. Mache uns bereit, uns von Dir beschenken zu lassen. Danke, dass Du auch uns die Tür auftust für Dich und Dein Reich, danke, dass wir in der Schöpfung Deine Spuren lesen können und dass Du uns in Liebe begegnest. Öffne in uns auch das Türchen der Liebe zu unseren Mitmenschen. Zeig uns die Menschen um uns herum, die gerade in dieser Advents- und Weihnachtszeit unsere Liebe brauchen. Danke für das größte Geschenk, dass Du uns in Jesus Christus Dein Ein und Alles gegeben hast, Deinen Sohn, der uns näher zu Dir hinführt und uns die Tür zu dir und zu einem erfüllten Leben auftut. Amen.

Beginn des Advent

„Ich bin Stadtpfarrer Stefan Buß aus Fulda!"

Die Kirche spricht eine Sprache, die niemand mehr versteht. So lautet ein oft geäußerter Vorwurf. Ein Beispiel dafür ist der Begriff „Advent". Was dieses Wort bedeutet, weiß kaum mehr jemand, daher hat man dieses Wort auch aus dem Wortschatz gestrichen und mit Weihnachten ersetzt. Wobei man auch mit dem Wort „Weihnachten" eigentlich mittlerweile etwas ganz anderes meint, als wir Christen damit verbinden. „Advent" heißt „Ankunft". Vier Wochen lang warten wir auf die Ankunft Gottes unter uns. Vier Wochen lang bereiten wir uns auf die „Weihnacht" – auf die „geweihte Nacht" vor, in der Gott kommt. Advent – die beschauliche und stille Zeit beginnt. Aber ist das wirklich so? Wenn ich auf die Termine der nächsten Wochen sehe, befällt mich eine andere Ahnung. Und dann noch dieser Bibeltext am 1. Advent: „Die Sonne wird sich verfinstern, der Mond nicht mehr scheinen und die Sterne vom Himmel fallen, alles wird erschüttert werden." Haben wir die Erschütterungen nicht schon längst angesichts von Krieg, Hass und Gewalt in dieser Welt? Aber gerade unsere Zeit braucht Advent, das Wachrufen der Hoffnung und die Bewusstmachung. Seit Jesus Christus läuft unser Leben und diese Welt nicht in ein Nichts, sondern wird von ihr gehalten. Dabei braucht es offene Menschen, die dies weitertragen und so an einer besseren Welt mitbauen. Nutzen wir doch den Advent für einen bewussten Anfang. Am 1. Advent heißt es also: Gott macht sich auf zu uns und will bei uns gut ankommen. Er kommt in menschlicher Gestalt als einer, der Gottes Vorstellung vom richtigen Leben gerecht wird (ein Gerechter) und der uns Menschen hilft in all unseren Widersprüchlichkeiten, Turbulenzen und Nöten, die zu unserem menschlichen Dasein gehören.

Das Sakrament des Zigarettenstummels

„Ich bin Stadtpfarrer Stefan Buß aus Fulda!"

Zur Pflichtlektüre eines Theologiestudenten gehörte es in meiner Zeit (und das ist jetzt schon über 35 Jahre her) die „Kleine Sakramentenlehre" von Leonardo Boff (*14.12.1938). Boff ist ein brasilianischer katholischer Theologe. Er ist einer der Hauptvertreter der Befreiungstheologie und versucht, seine Kirche auf die Verteidigung der Menschenrechte für die Armen zu verpflichten. Wegen seiner Lehre kam er auch in Konflikte mit der Amtskirche in Rom und erhielt 1985 ein allgemeines Redeverbot. Ein Kapitel aus seiner Sakramentenlehre ging mir nie aus dem Kopf. Er überschrieb es mit „Das Sakrament des Zigarettenstummels". Als er in München studierte, bekam er die Nachricht über den plötzlichen Tod seines Vaters. In einem Briefumschlag entdeckte er einen kleinen Zigarettenstummel, den sein Vater nur wenige Augenblicke vor seinem Tod noch geraucht hatte. Es war fortan für ihn mehr als eine fertig gerauchte Zigarette, also bloßer Abfall. Er schrieb in seinem Buch: „Von diesem Augenblick an ist der Zigarettenstummel kein einfacher Zigarettenstummel mehr. Denn er wurde zu einem Sakrament, lebt, spricht vom Leben und begleitet mein Leben (…) Die Augen des Geistes sehen die väterliche Gestalt lebendig vor sich". Ein tieferer Blick also kann eine Sache in ein Sakrament verwandeln. Eine Muschel wird zur Erinnerung an einen unbeschwerten Tag am Strand. Ein Ring wird zum Symbol der gegenseitigen Liebe zweier Menschen. Sie werden zu Gegenständen, die zum Hinweiszeichen auf etwas Größeres, eine andere Wirklichkeit hindeuten. Ich wünsche uns, dass wir jeden Tag – so wie Leonardo Boff den Zigarettenstummel – auch viele kleine „Sakramente" in unserem Alltag entdecken, die uns zeigen, wie wertvoll das Leben, andere Menschen, die kleinen Dinge des Alltags für uns sind. Und wie viele Wegweiser und Wegweisungen durch Jesus Christus in unser Leben kommen.

Die Halle der Welt
mit Licht erfüllen

„Ich bin Stadtpfarrer Stefan Buß aus Fulda!"

s war einmal ein König, der hatte zwei Söhne. Als er alt wurde, wollte er sie auf die Probe stellen. Dem Weiseren von beiden wollte er sein Reich und die Herrschaft übertragen. Er rief seine Söhne zu sich, gab jedem fünf Silberstücke und sagte: „Für dieses Geld sollt ihr die Halle meines Schlosses bis zum Abend füllen. Womit, das ist eure Sache."

Der älteste Sohn ging davon. Er kam an einem Feld vorbei, auf dem gerade gedroschen wurde. Das Stroh lag nutzlos herum. Er dachte sich: Mit diesem nutzlosen Zeug werde ich die Halle schnell bis zum Abend gefüllt haben! Zusammen mit den Feldarbeitern setzte er diesen Gedanken in die Tat um. Als die Halle voll war, ging er zu seinem Vater und sagte: „Du kannst mir die Herrschaft übertragen, denn es ist noch nicht Abend, und ich habe die Halle schon gefüllt!" Der Vater sagte: „Es ist noch nicht Abend. Ich werde warten." Am Abend kam der jüngere Sohn nach Hause. Die Halle wurde vom Stroh geleert, damit er sie nun füllen konnte. Er ging in die Mitte der Halle, stellte eine Kerze dorthin und zündete sie an. Der Schein füllte die dunkle Halle bis in den letzten Winkel hinein. Der Vater sagte: „Du sollst mein Nachfolger sein. Dein Bruder hat fünf Silberstücke ausgegeben, um die Halle mit diesem nutzlosen Zeug anzufüllen. Du hast nicht einmal ein Silberstück gebraucht und hast sie mit Licht erfüllt. Du hast sie mit dem gefüllt, was die Menschen am notwendigsten brauchen." Das Leben der anderen mit Licht füllen, mit Zuwendung, Verständnis, einem aufbauenden Wort, einer liebreichen Geste. Das ist nicht nur in der Adventszeit sinnvoll und segensreich, sondern an jedem Tag des Jahres.

„Du bist mein Schatz!“

„Ich bin Stadtpfarrer Stefan Buß aus Fulda!“

Verliebte sagen zueinander: „Du bist mein Schatz!“ Wer verliebt ist, für den steht der geliebte Mensch im Mittelpunkt. Vieles andere, was früher im Vordergrund stand, rückt plötzlich in den Hintergrund. Er verzichtet ganz selbstverständlich auf manches, was ihm früher wichtig war; so sehr fasziniert ihn der geliebte Mensch. Es gab und gibt immer wieder Menschen, die von Gott fasziniert sind. Es gibt so manche Heiligengeschichte, die von faszinierten Menschen für Gott erzählt. Aber auch um uns herum kann man manchmal Menschen erleben, die von tiefem Glauben in ihrem Leben getragen sind. Die Hl. Teresa von Avila (1515–1582, Mystikerin und Kirchenlehrerin) war eine solche Heilige. Sie schrieb vor über 400 Jahren: „Nichts soll dich ängstigen, nichts dich erschrecken. Alles geht vorüber. Gott allein bleibt derselbe. Wer Gott besitzt, dem mangelt nichts. Gott allein genügt!“ Vielleicht kennen Sie auch Situationen in Ihrem Leben, in denen Sie gespürt haben: Mit Gott verbunden sein, das ist etwas Großes und Schönes. Das gibt Sicherheit. Sich von ihm getragen wissen, das schenkt tiefe Geborgenheit. Jeder und jede von uns steht vor Gott mit dem, was uns bewegt. Auch mit unserer Freude an Gott, aber auch mit unseren Widerständen, Fragen und Zweifeln. Sie hat auch jeder und jede. Wir sind vor ihm mit unseren Erinnerungen an Zeiten, in denen wir die Freude an Gott gespürt haben, und an Zeiten, in denen uns diese Freude verlorengegangen ist. Vielleicht tragen wir in uns die Sehnsucht, seine Nähe zu spüren. Auch an diesem Tag.

Der Weihnachtsstern

Wie viele Sterne haben Sie an Weihnachten in Ihrer Wohnung und an Ihrem Weihnachtsbaum aufgehängt? Wahrscheinlich haben Sie sie nicht gezählt. Und nicht nur in unseren Wohnungen, sondern auch in unseren Städten hängen und leuchten unendlich viele Sterne und Lichter in der Weihnachtszeit. Ja, das ist so eine Krux mit den vielen Sternen und Lichtern. Denn je mehr da sind und leuchten, umso schwieriger ist es, den wesentlichen Stern zu finden; den Stern zu finden, der uns den Weg weist. Schauen Sie doch nur abends in den Sternenhimmel. Unendlich viele leuchtende Punkte am Himmel. Da braucht es schon Weisheit und Wissen, um sich da zurechtzufinden. Oder man ist Sterndeuter, wie die Männer aus dem Morgenland, die sich auf den Weg machten, den neuen König zu finden. Sie sind dem Stern gefolgt, der sie zum Kind im Stall in Bethlehem brachte. Weise war das und klug. Weise und klug war es, dass sie sich nicht von der glänzenden Pracht des Palastes in Jerusalem blenden ließen. So fanden sie den Weg zum Stall in Bethlehem. Welchem Stern folgen wir im Leben? Für manche sind es die Sternchen, die man von der Lehrerin im Schulheft bekommen hat. Die Leistungssternchen leuchten heutzutage überall und treiben uns an. Für manche sind es die Stars und Sternchen der Medienwelt. Für manche sind es die Fünf-Sterne-Hotels und Sterne-Restaurants. Hauptsache edel und gehoben. Luxus, Glimmer und Wellness weisen ihnen den Weg. Für manche ist es der Stern auf der Kühlerhaube. Möglichst groß, möglichst viel PS. Natürlich sind all diese Dinge auch irgendwie nicht schlecht, aber wenn sie zum Leitstern werden, zur Orientierung im Leben, wird es schwierig. Der Weihnachtsstern führt uns nicht in Paläste, nicht zu Glanz und Glamour, auch nicht zum Autobauer mit dem Stern, sondern einfach zu einem Kind in der Krippe, und damit zum richtigen Leben. Der Weihnachtsstern führt uns zur Liebe Gottes, die sich klein macht in diesem Kind. Und darauf kommt es an. Im Kleinen das ganz

Große zu sehen. Im Leuchten der Augen dieses Kindes das glänzende Licht der Liebe Gottes. Dann wird es hell. Dieses Licht leuchtet nicht außen, sondern innen. Darauf kommt es letztendlich an. Der Stern, der uns den Weg zeigt, ist kein äußerer, sondern ein Leuchten in uns. Und das bedeutet Heil und Leben.

Den Blick auf Gott richten

„Ich bin Stadtpfarrer Stefan Buß aus Fulda!"

Jeden Tag stehen wir vor unzähligen Entscheidungen. Viele treffen wir intuitiv und unbewusst auf der Basis unserer Erfahrungen. Auch einfach aus dem „Bauch heraus". Ungewohnte Situationen, die uns schwerwiegende Entscheidungen abverlangen, bringen uns ins Grübeln und oft ist guter Rat teuer, wenn wir verantwortungsvoll für uns und andere handeln wollen. Wer den Blick dabei auf Gott richtet und in seiner Liebe bleibt, wird zum Segen für den Nächsten. Im Gesicht jedes anderen Menschen zeigt sich Jesus uns. „Was ihr dem geringsten meiner Brüder getan habt, das habt ihr mir getan" (Mt. 25,40), sagt Jesus selbst. Wer fähig ist wie Jesus in Wort und Tat zu handeln, anderen zu dienen und sie zu lieben, der wird im Sinne der Bibel „reiche Frucht bringen" (Jo. 15,5) im Leben. Dann kann auch unser Leben ein Beispiel der Hoffnung sein für die, die sie längst verloren haben, die in Einsamkeit und Armut, in der Dunkelheit leben. Jesu Liebe gilt allen, auch den Schwächsten lässt er nicht allein. Keinen gibt Jesus verloren, seine Treue hört niemals auf. Das ist Richtschnur auch für unser Handeln. Gehen wir jeden Tag neu mit Jesus die Wege zu den Menschen, geeint in seiner Liebe, denn er selbst sendet jeden von uns.

Ein Fehler!

„Ich bin Stadtpfarrer Stefan Buß aus Fulda!"

Ein Mathematik-Professor schrieb folgendes an die Tafel:

9x1 = 9

9x2 = 18

9x3 = 27

9x4 = 36

9x5 = 45

9x6 = 54

9x7 = 63

9x8 = 72

9x9 = 81

9x10 = 91

Viele Verspottungen wurden im Hörsaal gemacht, weil der Professor sich vertan hatte. 9x10=91! Da die richtige Antwort 90 ist. Der ganze Raum lachte ihn aus. Der Professor wartete, bis alle wieder still waren, dann sagte er: „So wirst du in der Welt gesehen. Ich habe diesen Fehler mit Absicht gemacht, um Ihnen zu zeigen, wie sich die Welt angesichts eines einzigen Fehlers verhält. Keiner von euch gratulierte mir, dass ich neun Mal alles richtig gemacht habe und recht hatte. Keiner, der dich das Richtige tun sah und dich dafür lobte. Aber alle Leute haben dich verletzt, gelästert und gedemütigt, weil du dich nur einmal geirrt hast."

So ist das Leben! Wir sollten lernen, Menschen für „ihre Erfolge" zu schätzen. Es gibt Leute, die viel mehr tun, was richtig ist, als falsch, und – am Ende nach einem einzigen Fehler beurteilt werden, – und für die anderen neun Treffer nicht bewertet werden. Das funktioniert für uns alle. Mehr Lob und weniger Kritik. Mehr Liebe und Zuneigung und weniger Hass und Grausamkeit. Lasst uns lernen, einander zu schätzen, anstatt uns gegenseitig zu zerstören. Haben Sie heute Ihren Partner, Ihre Freundin, den Arbeitskollegen, Ihr Kind für etwas Gutes und Positives gelobt?

Ein Virus

„Ich bin Stadtpfarrer Stefan Buß aus Fulda!"

Seit Wochen und Monaten beherrscht ein Virus unser Leben. Das Corona Virus Covid 19. Nicht nur regional begrenzt, sondern die ganze Welt. Coronaviren wurden erstmalig Mitte der 1960er Jahre identifiziert. Der Name „Coronavirus" bezieht sich auf das Aussehen der Coronaviren unter dem Mikroskop, das an eine Krone oder einen Kranz erinnert (lateinisch corona = Kranz, Krone). Das Coronavirus wird als „neuartig" bezeichnet, da es sich um ein neues Virus der Virusfamilie der Coronaviren handelt, das erstmals im Dezember 2019 identifiziert wurde. Seit dem 11. Februar 2020 trägt dieses Virus, das vorläufig mit 2019-nCoV bezeichnet wurde, einen neuen Namen: SARS-CoV-2. Die Erkrankung, welche durch SARS-CoV-2 ausgelöst wird, wird mit Covid-19 bezeichnet (Corona Virus Disease 2019). Auch wenn es unterschiedlich läuft – in Deutschland bisher unter guter Kontrolle. Gutes politisches und medizinisches Management. So gibt es Länder und Erdteile, da ist es erschreckend. Denken wir nur an die Bilder aus Italien und Spanien, denken wir an USA und Brasilien. Viren können sich rasend schnell übertragen und „infizieren" viele andere. Alle Viren enthalten das Programm zu ihrer Vermehrung und Ausbreitung, besitzen aber keinen eigenen Stoffwechsel und sind deshalb auf den Stoffwechsel einer Wirtszelle angewiesen, die sich infizieren lässt. Von einem Virus in ganz anderem Zusammenhang sprach Christian Stadtfeld in seinem Beitrag in Osthessennews über meine Impulse. Auch hier ist aber wichtig, dass es Menschen gibt, die sich „infizieren" lassen. Die die Gedanken aufnehmen und in den Alltag hineinwirken lassen. Letztlich war die Botschaft Jesu Christi ein solcher Virus. Der ging von ihm aus, aber es brauchte Menschen, die sich ihm öffneten und ihn weitertrugen in die Welt. Nehmen wir heute die Botschaft Jesu in uns auf. Lassen wir die Seele, unser Inneres, davon infizieren und tragen wir das, was uns wichtig dabei geworden ist, als Überzeugung in unseren Alltag, in unsere Welt.

Ein Wunsch frei

„Ich bin Stadtpfarrer Stefan Buß aus Fulda!"

Sie kennen alle die Geschichten, bei der eine Fee kommt und sagt: „Du hast drei Wünsche frei!" Auch in der Bibel gibt es eine solche Erzählung. Hier ist es der Traum des Salomo (1.Kö. 3,5-12). Der König Salomo war im 10. Jahrhundert v. Chr. Herrscher des vereinigten Königreichs Israel. Entsprechend dem biblischen Bericht war er der Erbauer des ersten jüdischen Tempels in Jerusalem und der dritte König in Israel nach Saul und seinem Vater David. Gott wendet sich an ihn und sagt: „Nenne mir eine Bitte, die ich dir gewähren soll." Und Salomo antwortete ihm: „Herr gib deinem Knecht ein hörendes Herz!" (1. Kö. 3,9). Er bittet nicht für sich selbst. Seine Bitte dreht sich nicht um das eigene Ich. Er bittet nicht für sein persönliches Glück, er bittet nicht um die eigene Gesundheit. Er bittet um ein hörendes Herz, damit er seinen Aufgaben als König, für die ihm anvertrauten Menschen, gerecht werden kann. Er will sich von Gott allein sagen lassen, was gut oder böse ist und sich von ihm herführen und leiten lassen. Um was würden Sie bitten, wenn Sie einen Wunsch frei hätten? Für sich? Oder für die anderen, denen man sich zuwenden will? Es geht im Leben eines Christen stets darum die eigene Berufung zu erkennen. Was hat Gott mit mir vor? Was ist meine Aufgabe? Worin liegt meine Verantwortung für andere? „Sieh, ich gebe dir ein weises und verständiges Herz, dass keiner vor dir war und keiner nach dir kommen wird, der dir gleicht" (1. Kö.3,12). So antwortet Gott auf die Bitte des Salomo. Gott zeigt sich vor allem in der Offenheit und der Bereitschaft zum Hören. Jesus Christus steht ganz und gar in der Linie der Verheißung des König Salomo. Wenn er vom Himmelreich spricht, dann meint er, dass Gott in dieser Welt bereits wirkt. Und das ist das Beste, was uns passieren kann. Wenn wir dafür alles investieren und alles dafür tun, wer also „zuerst das Reich Gottes sucht und seine Gerechtigkeit", der steht wie Salomo unter der Verheißung, dass ihm alles andere dazugegeben wird. (Mt. 6,33). Wie lautet dein Wunsch für den heutigen Tag?

HEUTE ist der richtige Tag!

„Ich bin Stadtpfarrer Stefan Buß aus Fulda!"

Es gibt viele Unterschiede zwischen den Konfessionen und Religionen in der Welt. Aber einige Grundhaltungen sind richtungsweisend für das Leben und religionsübergreifend. So zum Beispiel bewusst als Mensch in den Tag gehen und ihn leben. Der Dalai Lama kann uns dazu vielleicht für den heutigen Tag einen Impuls geben. Tenzin Gyatso (*6. Juli 1935) ist seit 1940 der 14. Dalai Lama. Er ist buddhistischer Mönch und Linienhalter der Gelug-Schule des tibetischen Buddhismus. 1986 erhielt er den Friedensnobelpreis. Der Dalai Lama sagt: „Es gibt nur zwei Tage im Jahr, an denen man so gar nichts tun kann: Der eine heißt gestern, der andere heißt morgen; also ist heute der richtige Tag um zu lieben, zu glauben, zu handeln und vor allem zu leben." Jeder Tag ist ein Geschenk. Es wird uns unverdient Zeit geschenkt, die wir nutzen dürfen für uns und andere. Wichtig ist es dabei richtig in den Tag zu starten mit der richtigen inneren Haltung und Ausrichtung. Im Hier und Heute leben ist angesagt und so jeden Augenblick, jede Begegnung wahrnehmen. Ihnen einen gesegneten Tag, denn HEUTE ist der richtige Tag!

Gott ist ein „Camper"

„Ich bin Stadtpfarrer Stefan Buß aus Fulda!"

Die Corona Zeit kennt durchaus auch wirtschaftliche Gewinner. Die Verkäufer von Zelten und Campingbussen gehören dazu. Viele Menschen sind noch skeptisch bei Fernreisen. Sie bleiben lieber in Deutschland und dem benachbarten Ausland. Und sie ziehen das Übernachten im eigenen Zelt oder Campingbus dem Luxushotel vor. Gott selbst und auch sein Sohn Jesus haben das Wohnen und Umherziehen dem Leben in den Palästen vorgezogen. Gott ist ein Camper. Da wird viel in der Bibel davon erzählt, wie Gott mit den Menschen auf Wanderschaft ist. Mit Abraham oder mit dem Volk Israel in der Wüste. Als Mose die zehn Gebote in Stein gehauen vom Berg Sinai mitbringt, werden die Steintafeln in eine Kiste gepackt und die Kiste in ein Zelt gestellt. Wenn das Volk weiterzog, wurde das Zelt abgebaut und am nächsten Rastplatz wiederaufgebaut. Gott hatte also keinen Wohnwagen, es war ein Zelt. Als Israel von den Babyloniern überfallen wurde und die oberen Zehntausend nach Babylon verschleppt wurden, dachten schon alle, dass Gott mit dem Tempel zerstört wurde. Aber Gott ist eben ein Camper: Er ging mit! Nach Babylon und zurück. Später, als Jesus den Menschen von Gott erzählte, war er ständig auf Wanderschaft durch Israel. Und weil Gott offenbar liebend gern unterwegs ist, wurde er in der ganzen Welt bekannt gemacht. Ausgerechnet der Zeltmacher Paulus verbreitete die Botschaft Gottes in der ganzen damals bekannten Welt. Bis zu uns. Gott ist ein Camper. An Weihnachten heißt es schließlich im Johannesprolog „und das Wort ist Fleisch geworden und hat unter uns (Hebr.: „eskenosens") gezeltet!" (Jo.1,14a). Er hat unter uns sein „Zelt aufgeschlagen". Diese Vorstellung finde ich sympathisch. Die Erkenntnis, dass Gott im Herzen ein Camper ist, mag überraschen, aber sie offenbart viel über diesen Gott. Er ist einer von uns. Er ist nicht festgefahren, sondern flexibel, wie ein Nomade, der sein Zelt immer an neuen Orten und überall aufschlägt. Und er gibt dabei die Richtung an. Ich kann mir vorstellen, dass er auch bei allen meinen Wegen, bei allen Irrungen und Verirrungen dabei ist. Im Zweifel braucht er nicht mal ein Zelt. Es geht auch unter freiem Himmel. Auch wenn ich mich in dunkelster Nacht verirrt habe, Gott ist auch dabei. Er campiert einfach mit.

.... Und Gott hat unter uns gezeltet ...!

Die Liebe hat sich kein Haus gesucht,
kein festes aus Stahl und Beton und Glas.
Die Liebe hat sich das Zelt gewählt, windschief, zugig und nass.
Die Liebe ist kein gesicherter Ort, sowie des Königs Palast.
Die Liebe sie zittert, sie leidet Not, und trägt eine schwere Last.
Die Liebe hat sich den Platz gewählt,
wo sie nottut, wo sonst nichts mehr zählt.
Glückselig der Ort.
Glückselig das Herz,
das aus der Liebe sein Leben nährt.

(Kapuzinerkloster Will, Schweiz)

Der Hl. Christophorus – 24. Juli

„Ich bin Stadtpfarrer Stefan Buß aus Fulda!"

Das Armaturenbrett im Auto, oder auch der Rückspiegel, sind ein beliebter Platz für so manchen stillen Begleiter. Da hängt ein kleiner lustiger Engel am Spiegel und ermahnt den Mann am Steuer: Fahr nicht schneller als dein Schutzengel mithalten kann. – Die 18-jährige Anfängerin hat sich von ihrer Oma eigens einen geweihten Rosenkranz aus Rom mitbringen lassen. Schon von fern sehe ich in der Nacht das große Kreuz an der Windschutzscheibe eines Brummi-Fahrers blinken. Auf dem Rastplatz steigt ein älterer Herr in sein großes Wohnmobil, und dabei wackelt ein Dackel auf dem Armaturenbrett gemütlich mit seinem Kopf. Und wer auf Parkplätzen bewusst einmal durch die Windschutzscheiben schaut, der entdeckt so manches mehr. Am 24. Juli ist der Gedenktag des ältesten Patrons der Autofahrer. Unter den vielfältig gewordenen Automaskottchen und -glücksbringern fährt er nach wie vor noch als stiller Begleiter in einem Medaillon am Armaturenbrett mit: der Hl. Christophorus. Er war einer der beliebtesten Heiligen des Mittelalters und der Patron der Pilger und Reisenden. Groß hat man sein Bild auf die Kirchenfassaden oder Häuserwände gemalt. Wer zu seinem Bild empor schaut – so der Glaube –, dessen Lebenskraft wird bis zum Abend nicht versiegen. Auch heute noch ist er der Heilige des Armaturenbretts, der Heilige der Fahrradklingel. Historisch Gesichertes über ihn gibt es nicht. Doch die Legende, die von ihm erzählt wird, gibt viel Stoff zum Nachdenken. Christophorus, anfangs noch Offerus genannt, will dem mächtigsten Herrn dienen. Offerus fand keinen Herrscher, dessen Macht nicht irgendwie begrenzt war. Nach langer vergeblicher Suche riet ihm ein frommer Einsiedler, er solle nur Gott dienen, denn nur Gottes Macht sei unbegrenzt. Um Gott dienen zu können, solle Offerus seine überragende Gestalt als Gottes Willen erkennen und als Fährmann Reisende über einen Fluss tragen. An einer tiefen Furt verrichtete Offerus fortan diesen Dienst. Eines Tages nahm er ein Kind auf die Schulter, um es über den Fluss zu tragen. Zunächst war das Kind sehr leicht, aber je tiefer Offerus in die Furt stieg, desto schwerer schien es zu werden. In der Mitte des Stromes fürchtete Offerus, er müsse ertrinken. Am anderen Ufer sprach er zu dem Kind: „Du … bist auf meinen Schultern so schwer gewesen: Hätte ich alle diese Welt auf mir gehabt, es wäre nicht schwerer gewesen." Das Kind antwortete: „Des sollst du dich nicht verwundern, Christophorus; du hast nicht allein alle Welt auf deinen Schultern getragen, sondern auch den, der die Welt erschaffen hat. Denn wisse, ich bin Christus, dein König, dem du mit dieser Arbeit dienst." Ich sehe in der Christophorus-Figur eine Ursehnsucht von uns Menschen. Die Sehnsucht danach: Es trägt mich einer. Nach der Legende hat es Christophorus gelernt, das Leben nicht auf die leichte Schulter zu nehmen, andere zu tragen, auch wenn ihm die Knie weich werden. An der Christophorus Legende kann ich ablesen: Andere mitzutragen gehört zum Schwersten, aber auch zum Größten, was ein Mensch tun kann, was das eigene Leben an Tiefe gewinnen lässt. Ich möchte von ihm lernen: Du kannst manche Last im Leben tragen, du kannst manche Menschen mittragen, wenn es dir gelingt, daran zu glauben: Ein anderer, ein Größerer, ein Stärkerer führt dir den Stab.

Hl. Vinzenz von Paul

„Ich bin Stadtpfarrer Stefan Buß aus Fulda!"

„Glaubt mir, meine Brüder, meine Schwestern,
glaubt es mir: Es ist ein unfehlbarer Grundsatz Jesu Christi,
den ich euch schon oft gesagt habe:
Zuerst muss das Herz leer sein von sich selbst,
dann füllt Gott es aus. Dann ist es Gott,
der darin wohnt und handelt."

(Hl. Vinzenz von Paul)

Das ist ein Wort des Hl. Vinzenz von Paul. Er war französischer Priester und gilt auf Grund seines Wirkens auf dem Gebiet der Armenfürsorge und Krankenpflege als Begründer der neuzeitlichen Caritas. 1617 gründete er die Gemeinschaft der Vinzentinerinnen. Louise de Marillac (1591–1660), eine enge Mitarbeiterin von Vinzenz von Paul, nahm sich dieser Helferinnen an, und allmählich wurde daraus die Gemeinschaft der Töchter der christlichen Liebe. Bis auf den heutigen Tag wirken die Vinzentinerinnen auch noch in unserer Diözese. Wie hat Vinzenz die Sendung Jesu Christi umgesetzt? Was haben die Augen seines Herzens gesehen und wie hat er geholfen? Er lässt sich von seinem Lieblingsevangelium treffen, dass sich bei Lukas findet (Lk. 4,18) und sein Leben ändert sich von Grund auf. Jesus verdeutlicht in der Synagoge von Karphanaum seine Sendung. Für Vinzenz bedeutete es: „Der Herr sendet mich zu den Armen, zu den Kranken, zu den Kindern, zu den Gefangenen, zu denen, die Gottes Licht nicht kennen. Er sendet mich zu allen, die in Not sind, um die frohe Botschaft von der Liebe Gottes zu bringen." Wie können wir heute den Geist eines Vinzenz von Paul ein wenig im Leben und im Alltag umsetzen? Das kann in materiellem oder geistigem Handeln geschehen. Dabei muss es nicht etwas Außerordentliches sein. Oft sind es die kleinen Dinge im Alltag, in der Familie, in der Nachbarschaft, am Arbeitsplatz, in der Schule, in der Gemeinde oder wo auch immer, die wichtig sind im Umgang miteinander, vielleicht in der Übung, die uns der hl. Vinzenz vorschlägt: „Herzlichkeit ist die kleine Münze der Liebe." Diese kleine Münze können wir immer austeilen, so dass durch uns die Welt heller, wärmer und freundlicher wird. Und so bleibt uns der Wunsch und die Bitte, wie es in einem Vinzenzlied heißt: „Ich möchte mit dem Herzen sehen, so wie es Vinzenz getan hat. Schenk mir die Augen, Herr, mein Gott, zu sehen, du bist da". Was uns der Heilige Vinzenz von Paul heute sagen möchte, kann wohl sein: Mach dein Herz leer und lass dich ganz von Gott ergriffen sein! Gott ist es, der dich selig macht. Gott ist es, der dich glücklich macht. Gott ist er, der im letzten das Gute vollbringt. Von Gott kommt die Rettung, nicht vom Menschen. Für unser kleines Leben kann das heißen: Uns immer wieder bewusst in Gottes Hand geben. Natürlich unseren Teil dazu tun!

„Ich schaue den lieben Gott an und er schaut mich an!"

„Ich bin Stadtpfarrer Stefan Buß aus Fulda!"

Johannes Maria Vianney, der heilige Pfarrer von Ars (1786-1859) war französischer Priester und gilt als der Patron aller Priester. Er entdeckt in seiner Kirche einen einfachen Bauersmann, der sich dort oft stundenlang aufhält, ohne Buch oder Rosenkranz in den Händen, aber den Blick unablässig nach vorne, zum Altar gerichtet. Er fragt ihn: „Was tust du denn hier die ganze Zeit über?" Der Bauer sagte ihm: „Eigentlich nichts, ich schaue den lieben Gott an, und er schaut mich an. Das ist genug." Den lieben Gott anschauen und sich von ihm anschauen lassen, das genügt. Wir meinen immer mit langem und geschliffenem Wortschatz Gott gegenübertreten zu müssen. Noch bevor wir unsere Bitten ausgesprochen haben, weiß Gott schon darum. Öfters sagen Gläubige: „Herr Pfarrer, ich weiß überhaupt nicht wie ich beten soll, mir fehlen die richtigen Worte!" Ich stelle immer mal die Gegenfrage: „Haben Sie schon einmal Gott die Möglichkeit gegeben Ihnen etwas zu sagen?" Einfach in der Gegenwart Gottes sein und auf die Stille hören. Gott spricht zu uns und bewegt unser Inneres, wenn wir ihm nur die Chance dazu geben.

Jeder Tag ist wichtig und wertvoll

„Ich bin Stadtpfarrer Stefan Buß aus Fulda!"

Die Hl. Mutter Teresa von Kalkutta (1910–97) war eine indische Ordensschwester und Missionarin albanischer Abstammung. Weltweit bekannt wurde sie durch ihre Arbeit mit Armen, Obdachlosen, Kranken und Sterbenden, für die sie 1979 den Friedensnobelpreis erhielt. In der katholischen Kirche wird Mutter Teresa als Heilige verehrt. Sie wurde 2016 von Papst Franziskus heiliggesprochen. Jeden Tag begann sie bewusst in der Gegenwart Gottes, bevor sie sich der Arbeit an den Kranken und Sterbenden widmete. Von ihr stammt der folgende Tagessegen:

Jeder Tag ist eine Chance, nutze sie.

Jeder Tag ist Schönheit, bewundere sie.

Jeder Tag ist Seligkeit, genieße sie.

Jeder Tag ist ein Traum, mach daraus Wirklichkeit.

Jeder Tag ist eine Herausforderung, stell dich ihr.

Jeder Tag ist ein Spiel, spiele es.

Jeder Tag ist ein Reichtum, bewahre ihn.

Jeder Tag ist Liebe, erfreue dich an ihr.

Jeder Tag ist ein Versprechen, halte es.

Jeder Tag ist ein Abenteuer, wage es.

Jeder Tag ist Leben, verteidige es.

Ich wünsche Ihnen, dass Sie den heutigen Tag auch als neue Chance sehen und im Vertrauen auf Gott nutzen.

Quelle: Morgenlob. Gebete, Gedanken und Segensworte, St. Benno Verlag, S. 19

Jedermann

„Ich bin Stadtpfarrer Stefan Buß aus Fulda!"

Bei den Salzburger Festspielen wird traditionell jedes Jahr der „Jedermann" gespielt. Positiv bewertet. Negativ bewertet. Das Theaterstück von Hugo von Hofmannsthal wurde am 1. Dezember 1911 im Berliner Zirkus Schumann uraufgeführt. Ich habe persönlich das Stück schon in den Hersfelder Festspielen erlebt. In diesem Stück ist ein reicher Mann dabei für seine Geliebte ein Lusthaus zu bauen, für den armen Nachbarn allerdings hat er nur eine spärliche Gabe übrig. Einen Schuldner lässt er ins Gefängnis werfen, allerdings gewährt er seiner Frau und seinem Kind ein kleines Entgelt. Am Abend ruft ihn der Tod mitzukommen. Er darf sich Begleiter für den schweren Gang aussuchen, damit sie seine Sache vor dem Richterstuhl Gottes verfechten. Aber die reichen Freunde lassen ihn alle im Stich. Selbst der Reichtum verhöhnt ihn nur als seinen elenden Knecht. Nur zwei schwächliche Gestalten sind bereit mit ihm mitzugehen – kraftlos deshalb, weil er sie nie so recht genährt hat: sein Glaube und seine guten Werke. Jedermann – allein schon der Titel zeigt an, dass Hofmannsthal hier einen jeden Menschen zum Nachdenken bringen will. Seine Fragen, die er in seinem Stück aufwirft, lauten: Wofür lebst du? Welche Akzente setzt du? Was sind deine Werte, für die du dich einsetzt? Geht es dir vor allem um Reichtum, Erfolg und Ehre oder stehen andere Ziele für dich im Vordergrund? Hofmannsthal setzt nicht das eigene „Ich" in den Vordergrund. Das Stück appelliert: Stell nicht deine eigene Bedürfnisbefriedigung allein in den Mittelpunkt all deines Handelns, sondern nimm deine Verantwortung für die Mitmenschen wahr. Kreise nicht bloß um dich selbst, sondern lass dich von der Not der anderen bewegen. Opfere nicht alles dem Geld und deiner Karriere, sondern nimm dir Zeit für die Menschen in deiner Familie, deinem Freundeskreis. Pflege nicht nur Zweckbündnisse, sondern versuche tragende Freundschaften aufzubauen, auch über dein berufliches Umfeld und dein vertrautes Milieu hinaus. Suche nicht den augenblicklichen Nutzen, sondern denke langfristig. Schaue nicht auf das Äußere, sondern auf die innere Werte eines Menschen. Befasse dich mit deinem Glauben und höre auf Gott. Setze dich nicht mit deinem Willen durch, sondern frage nach Gottes Willen für dein Leben. Gott hat dir auch für dein Leben etwas zu sagen.

Rorate Caeli –
„Tauet, ihr Himmel!"

„Ich bin Stadtpfarrer Stefan Buß aus Fulda!"

Die Tage vor Weihnachten, der Advent, sind die dunkelste Zeit des Jahres. Für uns ein Symbol für manche Dunkelheit in unserem Leben, manche Trauer, Hoffnungslosigkeit, manchen Schmerz. Wir alle sehnen uns nach Licht, Freude, dem Frieden, den die Engel in der Weihnachtsbotschaft verkünden. Es sind dann in jedem Advent immer ganz besondere Gottesdienste. Morgens in der Frühe. Es kostet schon ein wenig Überwindung aufzustehen. 6 Uhr. Du trittst ein in die dunkle Kirche. Nur Kerzen erhellen das Dunkel. Symbolisch wartet die Gemeinde in der dunklen Kirche auf das Kommen des Lichts, auf Christus. Wie sehnsuchtsvoll erklingt der Ruf des Propheten Jesaja im Eröffnungsvers: „Tauet, ihr Himmel, von oben! Ihr Wolken regnet herab den Gerechten! Tu dich auf, o Erde, und sprosse den Heiland hervor!" „Rorate caeli – Tauet, ihr Himmel!" Der, den viele als Messias und Heiland erwarten, er wird von oben kommen: von Gott, seinem Vater. Er ist der Gerechte, und die Zeit ist gekommen. Ja, auch die Erde soll sich auftun und den Heiland hervorsprießen lassen. Denn der Erlöser ist wahrer Gott und wahrer Mensch zugleich. Als Gott stammt er vom Himmel, als Mensch wurde er empfangen und geboren von der Jungfrau Maria. Er ist ganz einer von uns Menschen.

In den Lichtergottesdiensten der Adventszeit bekennen wir dies. Die Verse des alttestamentlichen Propheten Jesaja sind ein sehnsuchtsvolles Rufen in dunkler Zeit. Gleichzeitig sind sie eine wundersame Zusage: Da kommt ein himmlischer Segen und berührt unsere Erde wie ein Frühlingsregen. Mitten unter uns steht ein Mensch auf – eines Menschen Kind. Und dieser Mensch wird uns Rettung bringen. Was könnte bei der Vorbereitung auf das Geburtsfest Jesu besser passen als dieses prophetische Wort? Seit dem 4. Jahrhundert begleiten diese Verse die Christenheit durch den Advent. Noch vor dem ersten Tageslicht versammeln sich Christen bei Kerzenschein und singen dieses Lied der Hoffnung und der Erwartung. Die Botschaft dieser Feier lautet: Gott klopft an die Tür meines Herzens und möchte, dass ich ihn aufnehme, damit er mein Leben mit seinem Licht hell und freudig machen kann. Darum ist er Mensch geworden und durch Maria geboren worden. Darum wird er am Ende der Zeiten wiederkommen. Darum feiern wir den Advent, damit diese Erfahrung jetzt schon unser Leben bereichern kann. Versuchen wir hellhörig durch den Advent und unser ganzes Leben zu gehen, darauf horchen, darauf hoffen, darauf warten.

„Rorate caeli, desuper …"

Kind werden und Kinder aufnehmen: Hl. Johannes Don Bosco

„Ich bin Stadtpfarrer Stefan Buß aus Fulda!"

Die letzten überlieferten Worte eines Menschen geben oft einen guten Rückblick auf das, was ihn im Leben angetrieben hat. „Liebt, helft und ertragt einander!" soll ein letzter Rat Don Boscos an seine Ordensbrüder gewesen sein. Johannes Don Bosco (1815–1888) war ein italienischer katholischer Priester, Jugendseelsorger und Ordensgründer. Er gründete den Orden der Salisianer. Er wurde 1929 selig- und 1934 heiliggesprochen. Er kümmerte sich vor allem in Turin um auf der Straße lebende Jugendliche und gab ihnen ein Zuhause. Dass allein schon das „Einander-Ertragen" schwierig ist, weiß wohl jeder aus eigener Erfahrung. Doch Don Bosco hat als Seelsorger vieles von dem getan und umgesetzt. Aus seinem Verhalten können die Christen lernen, dass eine Kirche, die nicht an der Seite der Armen, der Schwachen, der Bedürftigen und Notleidenden steht, nur halbherzig ihrem Herrn nachfolgen kann. Und Don Bosco hat in seinem Leitspruch „Fröhlich sein, Gutes tun und die Spatzen pfeifen lassen" auch aufgezeigt, warum dieser oft beschwerliche Einsatz gelingen kann: weil Gott unser Werk zum Guten führt. Die Forderung, wir sollen wie die Kinder werden, ist schon eine Forderung Jesu (Mt. 18,2). Er verlangt von den Menschen eine absolute Wahrhaftigkeit vor Gott und vor uns selbst. Das Kind weiß, dass es klein und schwach ist, dass es völlig von der Liebe und Gunst der Großen abhängt. Aber gerade in dieser Schwachheit des Kindes liegt seine unwiderstehliche Macht. Wer es fertigbringt, zu werden wie ein Kind, der hat alles gewonnen. Es geht um das Kleinsein vor Gott und den Menschen. Es ist das Gegenteil jener Haltung, die Größe für sich in Anspruch nehmen möchte. Der Drang groß sein zu wollen, größer als die anderen, vermag menschliches Zusammenleben wie auch christliches Gemeindeleben empfindlich zu beeinträchtigen. Weil Johannes Don Bosco so ganz für Kinder und Jugendliche da war, ihnen zum Leben und Glauben verhalf, darum verehren wir ihn als großen pädagogischen Heiligen. Vertrauen wir die Kinder und Enkel und alle jungen Menschen seiner Fürbitte an.

Du bist Weihnachten!

„Ich bin Stadtpfarrer Stefan Buß aus Fulda!"

„Wir sind Papst!", propagierte eine große deutsche Zeitung, als am 19.4.2005 Kardinal Joseph Ratzinger zum neuen Papst Benedikt XVI als erster deutscher Papst nach 1523 (Papst Hadrian VI) gewählt wurde. „Wir sind Weltmeister der Herzen!", wurde gejubelt nach dem berühmten Sommermärchen der Fußballweltmeisterschaft 2006 in Deutschland. „Wir sind Champions der Welt!", rief Jürgen Klopp, deutscher Trainer des englischen Meisters FC Liverpool, etwas arrogant bei einer Pressekonferenz im Juli 2020 aus. „Du bist Deutschland!", war eine kontrovers diskutierte Social-Marketing-Kampagne (2005–2006), die auf positives Denken und auf ein neues deutsches Nationalgefühl zielte. „Wir sind Weihnachten!", wage ich heute dem gegenüberzustellen. Mit diesem Slogan möchte ich etwas Ähnliches versuchen: Ich möchte Menschen dazu anregen, sich mit Weihnachten zu identifizieren und zu entdecken, wie Sie selbst mithelfen können, dass dieses Fest weiterwirkt über zwei Feiertage und auch über Konsum- und Geschenketrubel hinaus. Paul Gerhard (1606–1676), der Liederdichter des 17. Jahrhunderts, seine Texte finden sich in manchem alten Kirchenlied im Gesangbuch wieder. Z.B. „Oh, Haupt voll Blut und Wunden" und andere. Er sagte einmal – ich erlaube mir das zu übertragen – „Du bist Krippe!" Poetisch heißt es in seinem Lied „Ich steh an deiner Krippe hier!" (GL 256, EG 37) in der 9. Strophe, die eher unbekannt ist: „So lass mich doch dein Kripplein sein; komm und leg bei mir ein dich und all dein Freuden". „Du bist Krippe!" also, heißt, Gott will jeden Menschen füllen, erfüllen. Er will uns sein „menschgewordenes Wort", seinen Sohn Jesus Christus ins Herz legen. Voraussetzung, wir öffnen uns ihm. Er möchte, dass wir die Botschaft von Weihnachten und der Menschwerdung Gottes in uns tragen, ja seine tröstlichen und ermutigenden Worte, seine Art auf Menschen zuzugehen, weitertragen auch heute. „Du bist Krippe!" „Du bist Weihnachten!" – Lassen wir es uns an diesem Weihnachtsfest auch neu sagen.

Erzengelfest (29. September)

„Ich bin Stadtpfarrer Stefan Buß aus Fulda!"

ch lade Sie ein, am Festtag der Erzengel Michael, Gabriel und Rafael
mit mir über die Bedeutung ihrer Namen nachzudenken. Es sind biblische Namen, die uns – gerade in unserer Zeit – viel zu sagen haben.
Diese Namen konfrontieren uns mit einer Frage, einem Ausruf und
einem Zuspruch. Zuerst die Frage: „Wer ist wie Gott?" Das bedeutet
„Michael", übersetzt. Er hinterfragt die Menschen unserer Zeit, ob wir
uns nicht an die Stelle Gottes setzen. Das kann viele Facetten haben –
und oft ist es fatal. Wo lauter Ich-AG's gegründet werden, gehen der gesellschaftliche Zusammenhalt und die Solidarität verloren. Michael, der
Engel, der Bote Gottes, fordert uns auf, Gott und seine Intention für die
Welt wieder an die erste Stelle zu setzen. Gott will, dass sie das Leben
haben, und es in Fülle haben, so lesen wir im Johannesevangelium. Er
steht auf der Seite der Armen und Entrechteten. Der Erzengel Gabriel
kommt uns mit einem Ausruf zu Hilfe. Sein Name bedeutet: „Meine
Kraft ist Gott!" Wer auf ihn vertraut, wird nicht zuschanden. „Meine
Kraft ist Gott!" Das hat auch Maria verstanden, als Gabriel sie bat, die
Mutter Jesu zu werden. Gabriel, der Bote Gottes, hat diese Botschaft
für uns: Du darfst darauf vertrauen, dass Gott deine Kraft ist, wenn du
dich einsetzt für Veränderungen. Du darfst hoffen, dass Gott dich nicht
im Stich lässt, wenn du ein solidarischer Mensch bist und für andere
einstehst, auch wenn sie dich einen naiven „Gutmenschen" schimpfen.
Du kannst darauf bauen, dass Gott dir zur Hilfe kommt, wenn du dich
in Treue und Verantwortung um deine Familie und deine Aufgaben in
Kirche und Welt bemühst. Aber, könnte jemand einwenden, liegt nicht
alles viel zu sehr im Argen? Hier begegnet uns schließlich Rafael, der
durch die Bedeutung seines Namens einen Zuspruch für uns hat: „Gott
heilt!" Bei Darstellungen dieses Erzengels findet sich manchmal die la-
teinische Inschrift: „Medicina Dei". Gott hat eine Medizin für uns. Er
ist der Arzt, der uns heilen kann, der Heil will für unser ganzes Leben.
So sagen uns die drei Engel, deren Fest wir heute feiern, wie Gott zu

uns ist und was aus uns und der Welt werden könnte, wenn wir seinem Wort Gehör schenken. Mögen Gottes Engel uns geleiten, damit wir Jesus Christus in unserem Leben finden und seine Hilfe und seinen Schutz erfahren.

Barrierefreie Kirche

„Ich bin Stadtpfarrer Stefan Buß aus Fulda!"

st die Kirche heute barrierefrei? Sie werden sagen, dass ist doch heutzutage normal. In einer inklusionsausgerichteten Gesellschaft muss auch der Zugang zur Kirche gut barrierefrei möglich sein. Wir haben eine großzügige Rampe an der Stadtpfarrkirche und die Türen öffnen sich elektrisch. Auch der Dom ist ebenerdig z.B. mit einem Rollstuhl zu befahren. Aber ist die Kirche wirklich barrierefrei? Ich meine damit: sind die moralischen Vorgaben und so manches kirchliche Gesetz nicht viel zu hochgehängt? Verstehen die Menschen noch unsere gottesdienstliche Sprache? Gibt die Kirche noch Antworten auf die bedrängenden Fragen der Menschen? Oder ist es nicht manchmal so, dass die Kirche Antworten auf Fragen gibt, die die Menschen gar nicht mehr stellen. Der Zugang wird für viele Menschen unüberwindbar, weil die Barrierefreiheit, der Zugang zu den Menschen und das Beim-Menschen-sein fehlt. Im Evangelium begegnet Jesus einmal einer kanaanäischen Frau (Mt.15,21-28). Erst ignoriert er sie, dann weist er sie ab, dann stellt er sie in seiner Aussage auch noch den Hunden gleich! Wer sich heutzutage als Mann so eine Aussage erlauben würde, der hätte nichts Gutes mehr zu erwarten. Also auch Jesus nicht barrierefrei? Im Mittelpunkt steht das, was Ansporn der Frau ist, was Ansporn so vieler Menschen ist, die Jesus begegnen: Ihr Glaube. Daraus ergeben sich für die Kirche von heute entscheidende Fragen: Wie einladend wirkt sie denn noch auf fernstehende Menschen? Schafft sie es, über den Tellerrand des Bekannten und des gewohnten Umfelds hinauszublicken? Bleibt im Arbeitsalltag ihrer Seelsorger*innen überhaupt noch Zeit dafür, missionarisch tätig zu sein? Können sich Distanzierte und Fernstehende von ihr noch angesprochen, ja angenommen fühlen? Es wird definitiv nicht einfach. Aber wenn Kirche auch morgen und übermorgen gesellschaftliche Relevanz haben möchte, dann muss sie sich gegenüber dem Fernstehenden und Unbekannten öffnen. Im Evangelium gelingt es Jesus mit der Frau über ihren Glauben ins Gespräch zu kommen! Und er kann in ihr Glauben wecken. Wenn es der Kirche gelingt, den in den Menschen grundgelegten Glauben neu zu entfachen und im christlichen Kontext zu entschlüsseln, dann wird sie auch weiterhin bedeutsam bleiben. Ziel kann es nicht sein, sich nur über ihre Liturgien und die Zahl der Gottesdienstteilnehmer zu definieren. Das tut auch Jesus übrigens nicht. Er trifft die Frau nicht in der Synagoge an, sondern draußen in der Fremde. Vielleicht wäre das schon ein guter Anfang, wieder mehr Zeit draußen in der Fremde zu verbringen. „Zu den Menschen gehen, an den Rand" wie Papst Franziskus sagt. Wie wir es mit der Citypastoral in Fulda versuchen. Dann finden in kleinen Schritten Menschen auch wieder barrierefrei Zugang zur Gemeinschaft der Kirche.

Die kleine Raupe Nimmersatt

„Ich bin Stadtpfarrer Stefan Buß aus Fulda!"

Die Geschichte der kleinen Raupe Nimmersatt (englischer Originaltitel: „The Very Hungry Caterpillar") ist ein Bilderbuch des US-Kinderbuchautors und -illustrators Eric Carle (*1929), das im Jahr 1969 erstmals im Verlag Gerhard Stalling in Oldenburg erschien. Im Jahr 1999 erklärte der damals zukünftige US-Präsident George W. Bush die kleine Raupe Nimmersatt zu seinem Lieblingsbuch und sagte, das Werk habe ihn beim Heranwachsen beeinflusst. Dieses Buch darf auch in keinem Regal einer Kindertagesstätte fehlen. Das Buch erzählt die Geschichte einer Raupe, die aus einem Ei schlüpft und sich eine Woche lang durch viele Lebensmittel frisst. Am Ende der Woche ist sie dick und rund, verpuppt sich und wird zu einem Schmetterling. Die Buchseiten haben Löcher durch die Bilder, die teilweise durch mehrere Seiten hindurchgestanzt sind, um zu veranschaulichen, wie sich die Raupe durch die Nahrungsmittel hindurchfrisst. Die Geschichte beginnt mit einem Ei, aus dem eine Raupe schlüpft, die alles Mögliche frisst, um größer zu werden. Auf jeder Buchseite ist ein Tag dargestellt:

1. Am Montag fraß sie sich durch einen Apfel, aber satt war sie noch immer nicht.
2. Am Dienstag fraß sie sich durch zwei Birnen, aber satt war sie noch immer nicht.
3. Am Mittwoch fraß sie sich durch drei Pflaumen, aber satt war sie noch immer nicht.
4. … usw.

Sie frisst jeden Tag mehr; am Samstag frisst sie verschiedenste menschliche Lebensmittel und fühlt sich danach schlecht. Am Sonntagmorgen frisst sie nur ein grünes Blatt und da geht es ihr viel besser. Dann frisst sie nichts mehr, sondern verpuppt sich und schlüpft nach zwei Wochen als Schmetterling. Die kleine Geschichte ist nicht nur ein pädagogisch wertvolles Buch, sondern auch mit tiefem theologischem Hintergrund. Der Schmetterling ist ein uraltes christliches Symbol für die Auferstehung. Die Raupe als Bild für das Erdenleben und es wandelt sich im Tod und schlüpft in die neue Wirklichkeit, das neue Leben bei Gott. Dieses Symbol findet sich auch an einem alten Kreuz. In der St. Ulrich-Kirche in Regensburg ist das sogenannte Schmetterlingsreliquiar ausgestellt. Diese wertvolle Emaillearbeit aus dem frühen 14. Jahrhundert fand man bei der Restaurierung eines gotischen Holzkruzifixes. Das Reliquiar war versteckt in einem kleinen Hohlraum im Hinterkopf des Gekreuzigten. Es bringt zum Ausdruck: Für jeden Menschen hält Gott das Potenzial zur Verwandlung und Auferstehung bereit. Vielleicht ist es das Schönste, was man einem Menschen wünschen kann: Dort, wo das Leben verpuppt, versteinert und starr erscheint, kann sich ein neuer Geist entfalten, entsteht neues Leben. Auferstehung! Das ist unsere Hoffnung, die uns besonders beim Gedenken an unsere lieben Verstorbenen tragen soll.